Printed by Libri Plureos GmbH in Hamburg,
Germany

9 789369 089000

شوخئ تحریر

(حصہ دوم)

مرتب:
تنویر حسین

© Tanvir Hussain

Shokhii-e-Tahreer : Part-2 *(Humorous Essays)*

by: Tanvir Hussain

Edition: March '2025

Publisher :

Taemeer Publications LLC (Michigan, USA / Hyderabad, India)

ISBN 978-93-6908-900-0

9 789369 089000

مرتب یا ناشر کی پیشگی اجازت کے بغیر اس کتاب کا کوئی بھی حصہ کسی بھی شکل میں بشمول ویب سائٹ پر اَپ لوڈنگ کے لیے استعمال نہ کیا جائے۔ نیز اس کتاب پر کسی بھی قسم کے تنازع کو نمٹانے کا اختیار صرف حیدرآباد (تلنگانہ) کی عدلیہ کو ہو گا۔

© تنویر حسین

کتاب	:	**شوخیٔ تحریر** (حصہ دوم)
مرتب	:	**تنویر حسین**
صنف	:	طنز و مزاح
ناشر	:	تعمیر پبلی کیشنز (حیدرآباد، انڈیا)
سالِ اشاعت	:	۲۰۲۵ء
صفحات	:	۸۸
سرورق ڈیزائن	:	تعمیر ویب ڈیزائن

مرتب : تنویر حسین

فہرست

(۱) بوا جعفری خانم	شوکت تھانوی	6
(۲) کار بکاؤ ہے	کرنل محمد خان	15
(۳) عشق پر زور نہیں	کرنل محمد خان	21
(۴) کلیدِ کامیابی	شفیق الرحمٰن	36
(۵) کسٹم کا مشاعرہ	ابن انشاء	56
(۶) جنتری نئے سال کی	ابن انشاء	63
(۷) جنت یا دوزخ	عطاء الحق قاسمی	69
(۸) لاہور کا تاریک جغرافیہ	عطاء الحق قاسمی	72
(۹) گدھے شماری	مستنصر حسین تارڑ	76
(۱۰) میرا قیمہ بنا دیجیے	مستنصر حسین تارڑ	82

شوکت تھانوی

بُوا جعفری خانم

اب تو خیر ہماری ہی بیگم صاحبہ کی حکومت ہے لیکن یہ اس زمانہ کا ذکر ہے۔ جب باورچی خانہ کی سولہ آنہ مالک و مختار بوا جعفری خانم تھیں اور ہمارے اغراض و مقاصد بھی آج کل سے زیادہ باورچی خانہ اور بوا جعفری خانم سے وابستہ تھے۔ سب سے پہلے ضرورت اس بات کی ہے کہ بوا جعفری کی پوزیشن واضح کردی جائے تاکہ آپ اندازہ کر سکیں کہ وہ کس پایہ کی عورتوں میں سے تھیں اور ان کا کیا مرتبہ تھا۔ تھیں تو وہ تین روپیہ ماہوار اور کھانے پر ملازم اور اپنے عہدہ کے اعتبار سے بھی ماما سے زیادہ کہے جانے کی مستحق نہ تھیں لیکن انہوں نے ہماری والدہ کا کچھ ایسا اعتماد حاصل کرلیا تھا کہ وہ ہمارے گھر کی اسپشل منیجر معلوم ہوتی تھیں اور دیکھنے والے ان کو ہماری والدہ صاحبہ کی وزیر اعظم سمجھ سکتے تھے۔ خصوصیت کے ساتھ باورچی خانہ کی تو وہ گویا مالک ہی تھیں اور وہاں گویا انہیں کے نام کا سکہ چلتا تھا لیکن چونکہ وہ گھر کے دوسرے انتظامات اور ہماری خاندانی سیاسیات میں دخل رکھتی ہیں۔ لہٰذا انہوں نے باورچی خانہ ہی کو اپنا ہیڈ کوارٹر مقرر کیا تھا اور وہیں تمام معاملات پیش ہوکر منظور یا نامنظور ہوتے تھے چنانچہ اس زمانہ میں ہمارے باورچی خانہ کی حیثیت بالکل دارالعلوم کی سی تھی جس کی صدر بوا جعفری خانم تھیں۔

شادی بیاہ کے معاملات، ہم لوگوں کی تعلیم و تربیت کے مسائل، معمولی تنازعات، بڑے بڑے خاندانی اختلافات، آمدنی اور خرچ کے حسابات، بجٹ کی

منظوری، مختصر یہ کہ تمام دنیا کے قصے باورچی خانہ ہی میں طے پاتے تھے اور بوا جعفری خانم ہی طے کرتی تھیں۔ لاکھ کوئی اختلاف کرے اپنا سر دے مارے اور دوسروں کا سر توڑ دے اپنی بوٹیاں چبائے لیکن نتیجہ ہمیشہ یہی برآمد ہوتا تھا کہ بوا جعفری خانم کی تجویز والدہ صاحبہ کی نظروں میں مناسب ترین ہوتی تھی اور والدہ صاحبہ تو گویا اس دارالعلوم کی کاروائی پر رسمی طور محض گویا دستخط فرما دیا کرتی تھیں۔ بہر حال بوا جعفری خانم کا فرمان ہم سب کو نوشتۂ تقدیر بن کر رہتا تھا اور باورچی خانے کا فیصلہ قطعی ہوتا تھا جس کی کہیں اپیل بھی نہیں ہوسکتی تھی۔ ایسی صورت میں آپ سمجھ سکتے ہیں کہ ہمارے گھر میں باورچی خانہ کو بڑی اہمیت حاصل ہے۔

ہوتا یہ تھا کہ باورچی خانہ کی محدود گنجائش میں کھانے پکانے کے ساز و سامان کے علاوہ کہیں تو کسی کی چارپائی پڑی ہوتی تھی اور کہیں کسی کی کرسی کوئی پیڑے ہی پر بیٹھ جاتا تھا اور کوئی اس سرکار میں ہاتھ باندھے کھڑا رہتا تھا۔ بہر حال تمام گھر سمٹ سمٹا کر جس ایک مرکز پر نظر آتا تھا وہ باورچی خانہ کا ہی تھا۔ لیکن اس کے علاوہ ملاقات کے کمرے، آفس، خوابگاہ، ہسپتال، درزی خانہ، رنگریزی کے کارخانے، ڈریسنگ روم بلکہ بعض اوقات بچوں کے غسل خانے اور پاخانے کی حیثیت بھی اسی باورچی خانے کو حاصل ہوتی تھی۔ چولہے کی داہنی جانب رکھا ہو پیڑا گویا کرسی صدارت تھی۔ جس پر بوا جعفری خانم بصد شان و شوکت جلوہ فرما رہتی تھیں اور ان کے اقبال سے تمام باورچی خانہ کے کام ہوتے رہتے تھے اور ساتھ ہی ساتھ دوسرے معاملات بھی طے ہو جایا کرتے تھے۔ وہ اپنے اس پیڑے پر بیٹھی ہوئی چولہا ہانڈی بھی دیکھتی تھیں گھر کے دوسرے ملازموں کی نگرانی بھی کرتی تھیں۔ بچوں کی دیکھ بھال بھی فرماتی تھیں۔ گوشت والے اور دودھ والے پر غصہ بھی کرتی تھیں۔ گھی والے کے حسابات بھی طے فرماتی تھیں۔ ہم سب کو تنبیہ بھی کرتی تھیں، گیلی لکڑیوں کی شکایات بھی، لکڑی والے کی شان میں قصیدہ بھی

فرماتی تھیں۔ خودلکڑیوں کو گالیاں بھی دیتی تھیں۔ طوطے کو سبق بھی پڑھاتی تھیں اور کتے کو "کم آن" اور "گو آن" کا مفہوم بھی سمجھاتی تھیں، موسیقی کی مشق بھی فرماتی تھیں اور کہانی بھی کہتی تھیں۔ گھر کی سیاسیات پر لیکچر بھی دیتی تھیں اور اگر ضرورت پیش آئے تو قسمت کو وہیں بیٹھ کر رو بھی لیتی تھی۔ ہر قسم کے مشورے اپنے اسی پٹڑے پر سے دیتی تھیں اور تمام احکام وہیں سے نافذ ہوتے تھے۔ مختصر یہ کہ ہمارے گھر کا مرکز باورچی خانہ تھا اور باورچی خانے کا مرکز وہ پڑا تھا جس پر بوا جعفری خانم تشریف رکھتی تھیں۔

آپ کہیں یہ نہ سمجھیں کہ ہم مبالغہ کررہے ہیں۔ بہرحال یہ تو آپ کی سمجھ کا قصور ہوگا۔ ورنہ واقعہ تو یہی ہے کہ بوا جعفری خانم کی خداداد قابلیت اور اعلیٰ تدبّر نے ہمارے باورچی خانہ کو دنیا بھر کی حیثیتیں بخش دی تھیں اور خود ان کا یہ حال تھا کہ وہ ہر ضرورت پر اس ضرورت کے عین مطابق کارآمد وجود ثابت ہوئی تھیں۔ مثلاً کسی نوکر نے غبن کیا اور جرم اس پر ثابت ہوگیا۔ اس وقت اگر کوئی بوا جعفری خانم کے تیور، ان کا اندازِ بیان ان کے ذمہ دار الفاظ اور ان کی آواز کی گرج دیکھتا تو صرف یہی سمجھ سکتا تھا کہ آپ یقیناً تھانہ دار ہیں۔ خود ملزم کا تو یہ حال ہوتا تھا کہ گویا کوتوالی میں کھڑا ہے اور کوتوال صاحب کا مقابلہ ہے۔ اس طرح اگر کسی بچہ کو چوٹ آگئی ہے تو بوا جعفری خانم ہی کی طبی امداد سب سے پہلے طلب کی جاتی تھی اور وہ بھی اس مستعدی کے ساتھ مرہم پٹی فرماتی تھیں کہ گویا پانچ سال تک میڈیکل کالج میں پڑھ چکی ہیں۔ اور سینکڑوں مریض آپ کے ہاتھ سے نکل چکے ہیں اور اس طرح انجینئرنگ قانون، ادبیات، سیاسیات، مذہبیات، معاشیات، فلکیات، معدنیات اور نہیں معلوم، کن کن واہیات وخرافات پر وہ پورا عبور رکھتی تھیں۔ اور کہیں بھی وہ مجبور نظر نہ آتی تھیں۔ یہی وجہ تھی کہ گھر کا ہر چھوٹا، بڑا ہر آیا گیا ان کا احترام کرتا تھا اور جس نے کبھی ان کو نظرانداز کیا وہ اپنی سزا کو بھی پہنچ جاتا تھا۔

ان کی مزاجی حالت عام انسانوں کی طرح ہر وقت مختلف ہوتی تھی اور چونکہ تمام

گھران ہی کے تابع فرمان تھا۔ لہٰذا ان کی مزاجی کا اثر تمام گھر پر پڑتا تھا۔ اگر کبھی وہ خوش ہوتی تھیں تو گھر بھر میں چہل پہل نظر آتی تھی اور خود وہ باورچی خانہ میں بیٹھے بیٹھے نغمہ سرائی فرماتی تھیں اور تمام غم کی فضاؤں کو ہمہ نغمہ اور ہمہ موسیقی بنا دیتی تھیں سوائے ان کی ''اوری نندیا اوری سوتیا میں تو لیہوں تورا کانگنا''۔ کی کان پڑی آواز سنائی نہ دیتی تھی اور پھر ان کے ساتھ ساتھ طبلہ کی تھاپ سینی پر پڑتی تھی۔ کنگریاں تو خیر اپنے نشیب وفراز کے ساتھ باورچی خانہ یا زیادہ سے زیادہ گھر کی چہار دیواری کے اندر گونج کر رہ جاتی تھیں لیکن جب تک وہ تان لگاتی تھیں تو تمام محلہ میں بارش نغمہ ہو جاتی۔ ان کے اس عالم وجدان میں ہر ایک کو منہ مانگی مراد ملتی تھی نہ کسی سے کوئی باز پرس ہوتی تھی نہ کسی سے کوئی غصہ اور نہ کوئی ان کے تیوروں سے ڈرتا تھا اور نہ کوئی برتاؤ سے رنجیدہ ہوتا تھا۔ بس اس وقت تو ان کا جی چاہتا تھا کہ جتنے گانے یاد تھے سب ہی آج گا کر رکھ دوں۔ پھر خدا جانے زندگی رہے یا نہ رہے۔ چنانچہ اس جشن کے دن مختلف قسم کی ٹھمریاں، دادرے، غزلیں، تھیٹر کی چیزیں، ہیجڑوں کے گانے، گراموفون کے راگ، ایک آدھ مزاحیہ غزل کچھ ڈومینوں کی سمدھن کر دینے والی منظوم گالیاں وغیرہ سننے میں آ جاتی تھیں کبھی ''گذر گیا ہے زمانہ گلے لگائے ہوئے'' چھیڑ دیا تو کبھی ''تیری ذات پاک ہے اے خدا تیری شان جل جلالہٗ'' شروع کر دیا تو کبھی ''مہاراجہ کوڑیا کھول رس کی بوندیاں گریں'' سے فضاؤں کو معمور کر دیا تو کبھی ''ہریالہ بریلی والا وہ تو آنگن میں آ لے لگا دے'' سے کائنات کو مرقص کر دیا۔ کبھی ''جیرا ہالے ڈولے ہو''۔ گانے لگیں تو کبھی ''بالوشاہی کی نکیاں سیاں لالوری'' میں موسیقی کے کمالات دکھانا شروع کر دیئے۔ غرضکہ اس دن یہ معلوم ہوتا تھا کہ آپ تان سین کی قریبی عزیز ہیں اور یہ ہماری خوش قسمتی ہے کہ ایسی باکمال مغنیہ ہمارے گھر کی ماما ہے۔ اس دن وہ ہنستی بھی تھیں اور قہقہے بھی لگاتی تھیں لیکن کیا مجال ہے جو ان کے گانے پر کوئی اعتراض کر دے۔ حالانکہ ہمارا خیال یہ ہے کہ

ہمارے بڑے بوڑھے یعنی والد صاحب قبلہ اور ماموں صاحب مدظلہ العالیٰ اگر کسی اور کو اس طرح میں گاتے ہوئے سنتے تو شاید اس کا دم ہی نکال لیتے لیکن گانے والی تھیں بوا جعفری خانم جو کم سے کم اتنا رعب رکھتی تھیں کہ سب ان کا گانا سنتے تھے مگر کوئی دم نہ مار سکتا تھا اور اگر کوئی دخل دے بیٹھتا تھا تو بس اس کی شامت ہی آ جاتی تھی حالانکہ یہ ہمت ذرا کم ہوتی تھی کہ کوئی بیٹھے بٹھائے یہ کم بختی مول لے۔ اس لیے کہ سب جانتے تھے کہ اگر خدانخواستہ کہیں ان کی مزاجی حالت میں کوئی تغیر پیدا ہوا تو یہی بہشت جہنم بن جائے گا۔ اور اس جہنم کے عذاب تمام گھر پر نازل ہوں گے۔ ان کے غیض وغضب کا عالم کوئی فراموش کر دینے والی چیز نہ تھی اور ہر وقت سب ڈرتے ہی رہتے تھے کہ کہیں ناک پر مکھی نہ بیٹھ جائے لیکن باوجود اس احتیاط کے غصہ اپنے وقت پر آتا تھا اور اس کا آنا برحق سمجھا گیا تھا۔ کچھ نہیں تو برسات کی گیلی لکڑیوں کو سلگانے کی کوشش میں جب وہ حسب دلخواہ کامیاب نہ ہوتی تھیں اور تھوڑی دیر تک پھکنی میں منہ لگا کر ''پھوں پھوں'' کرنے کے بعد بھی آنچ نہ نکلتی تھی تو بس وہیں سے ان کی پیشانی پر شکنیں پڑ جاتی تھیں اور ہم سب آنے والے طوفان کے منتظر ہو جاتے تھے کہ وہ ''پھوں پھوں'' کرنے کے بعد بھی بجائے آنچ کے چولہے سے دھواں نکلتے دیکھ کر بس ناچ ہی تو جاتی تھیں۔ اس وقت کی کیفیت دیکھنے سے تعلق رکھتی تھی۔ چولہے میں منہ ڈال کر پہلے تو لکڑیوں پر تھوکتی تھیں کہ ''تھو ہے تری اوقات پر، اب کیوں جلے گی حرامزادی تو''۔ خدا غارت کرے اس موئے مولا بخش کو، اللہ کرے اس کی بھی ایسی ہی آنکھیں پھوٹیں جیسے اس موئے نے میری آنکھیں پھوڑی ہیں جیسے ہم نے تو دام دکے نہیں تھے۔ بھیک مانگ لائے تھے اس موئے کے یہاں سے اور ہم سے کیا مطلب، ہم تو نوکر چاکر ہیں جس طرح بھی یہ مصیبت جھیلیں گے جب گھر کے مالکوں ہی کو پرواہ نہ ہوگی تو اس موئے کی جوتی کو کیا غرض پڑی ہے جو سوکھی لکڑیاں دے۔ آج ہی یہ لکڑیاں اس موئے کاٹے کے منہ پر جا کے کوئی مار آئے تو

پھر کبھی یہ پانی کی ڈوبی ہوئی نلزیاں نہ آئیں گی مگر وہ تو ضد جھلم بخت سے ہے کہ "لے حرامزادی تو ہی میری آنکھیں پھوڑ کر اور کتے کا بھیجا بنا کر چولہا پھونکے جا۔ تو بہ ہے بیوی میں ایسا بے ڈھنگا کارخانہ دنیا جہاں میں نہیں دیکھا اور مجھ کو لیا خود ہی کھانے میں دیر ہوگئی۔ میں کیا کوئی اپنی بوٹیاں کسی کو کھلا دوں گی یا اپنے ہاتھ سا کاٹ کر ہانڈی پکاؤں گی"۔

اور اس کے بعد پھر ان کے لئے ہر بات اشتعال انگیز اور ہر چیز لڑائی کی جڑ بن جاتی تھی۔

یہ موا گوشت آیا ہے جیسے کتے کا راتب ہو، حرام کے پیسے ہوتے ہیں۔ پھر مٹھی بھر دام لیے اور چھیچھڑے دید کے جیسے دینے والے ایسے ہی اندھے لانے والے اور پھر ہانڈی خراب ہو جائے تو جعفری کی خطا، تو کیا جعفری اپنا گوشت پکائے۔

"ابھی تک دہی کا پتا نہیں ہے۔ دہی لینے کیا گئے کہ جیسے مرتی رہے دہی بھی جیسے کوئی لندن میں ملتا ہے کہیں بیٹھے ہوں گے ان کو کیا دیر ہوئی تو آئی گئی۔ ہمارے سر جائے گی۔ ان کی جوتی کو کیا غرض"۔

اور یہ مرغیاں الگ ناک میں دم کئے ہیں۔ ان کم بختوں کا بھی باورچی خانہ ہی میں ٹھکانا ہے۔ تمام دنیا کی مرغیاں گھر کے باہر نکال جاتی ہیں مگر ہمارے یہاں کی مرغیاں بھی نرالی ہیں کہ سر پر موجود ہیں۔ بلی بھی ان کم بختوں کو نہیں پوچھتی۔ اب کوئی پوچھے کہ میں ہانڈی چولہا دیکھوں یا مرغیوں کو ہنکارتی رہوں"۔

"برتن الگ بھنک رہے ہیں۔ سب کو تو یہ آتا ہے کہ ایک ایک برتن نکالتے جاؤ اور ڈھیر کرتے جاؤ۔ ان کو اس سے کیا جو کوئی دھوئے گا اس کے سر مصیبت رہے گی۔ ہم برتن دھوتے دھوتے مرجاتے ہیں اور یہاں کسی کو پرواہ بھی نہیں ہے۔ ابھی سویرے ہی سب برتن دھلے تھے۔ اب پھر سب ڈھیر ہیں...... واہ"۔

"چپ موئے تو نے اور "ٹین، ٹین" کر کے دماغ خالی کر رکھا ہے۔ نہ کلمہ نہ

کلام بس ہر وقت ''ٹیں، ٹیں'' آگ لگے تیرے ٹیں ٹیں کو جھلسا پڑتے''۔

''یہ ہمارے گھر کا ''دسپنا'' ہے۔ موئے کی ٹانگیں چری ہوئی ہیں۔ نہ آگ نکالتے بن پڑتی ہے، نہ کچھ، ہاتھ الگ جلتے ہیں۔ ہزار دفعہ کہا ایک ''دسپنا'' آجائے یا اسی کو ٹھیک کرا دیا جائے مگر وہ تو مجھ سے ضد ہے کہ جل چڑیل اور اپنے ہاتھوں کو جھلسا ہم سے نہیں ہوگا، اس موئے سے کام''۔

''بمبا الگ سے بند ہوگیا۔ پانی کی ایک بوند بھی نہیں ہے۔ اب کیا میں اپنے سر سے ہاتھ دھوؤں، سویرے سے چیخ رہی تھی کہ بمبا بند ہو جائے گا۔ تھوڑا سا پانی بھر لیا جائے مگر میں تو جیسے کتیا تھی بھونکا کی۔ اب ہم بھی بیٹھے رہیں کہ آخر ہم کریں تو کیا کریں''۔

مختصر یہ کہ جو چیز بھی ان کے سامنے آ گئی۔ اس کے متعلق ایک تبصرہ فرما دیا اور ہر ایک چیز کے اس رخ کو بحث میں لے جائیں جو یا تو واقعی قابلِ اعتراض ہوتا تھا۔ ورنہ ان کے تبصرہ سے قابلِ اعتراض بن جاتا تھا۔ بہر حال یہ وقت وہ ہوتا تھا کہ گھر کے بوڑھے جوان بچے مرد عورت سب اپنی اپنی جگہ پر خاموش بیٹھے رہتے تھے۔ مائیں اپنے بچوں کو سینے سے لگا لیتی تھیں۔ بچے اپنے ماؤں سے سہم کر لپٹ جاتے تھے۔ بیویاں اپنے شوہر کی حفاظت میں آ جاتی تھیں اور شوہر سچے دل سے خدا کو یاد کرتے تھے۔ طوطا بولنا چھوڑ دیتا تھا۔ کتا باہر بھاگ جاتا تھا۔ سونے والے جاگ اٹھتے تھے اور جاگنے والے بھاگنا چاہتے تھے لیکن اس عالم میں کوئی بہادر اور شریر لڑکا اپنی جان پر کھیل کر بھوک سے بے تاب ہو کر باورچی خانہ میں جا کر کھانا مانگ بیٹھتا تھا تو گویا توپ کا دہانہ اسی طرف پھیر دیا جاتا تھا۔

''تو کیا میں ہاتھوں میں مشین لگا لوں جو تم آ گئے۔ ہاتھ پیر پھیلانے اور ہتھیلیوں پر سرسوں جماتے ہو بھیا۔ ابھی کوئی ایسی دیر بھی تو نہیں ہوگئی ہے اور ہوگئی ہے تو میں کیا کروں اپنا سر چولہے میں تھوڑی دے دوں گی۔ ابھی تمام کو کھانا کھائے ہوئے دیر ہی

کتنی ہوئی ہے، ہر وقت کھانا ہر وقت کھانا۔ کھانا نہ ہوا آفت ہوگئی۔

اولاد کے معاملے میں ماں تو اندھی ہوتی ہے۔ ان صاحبزادے کی والدہ ماجدہ اپنی مامتا سے مجبور ہو کر بول اٹھیں کہ:

''وہ کون سا ہر وقت نگلا کرتا ہے جو تم اس طرح کہہ رہی ہو نہ کم بخت اس طرح مانگتا اور نہ یہ باتیں سنتا''۔

بس اس کے بعد سے باورچی خانہ میں ایک زلزلہ اور ایک طوفان اور ایک قیامت۔ ایک قیامت اور ایک قیامت بالائے قیامت کی کیفیات کے ساتھ ساتھ رونما ہو جاتی تھیں۔ بوا جعفری خانم ایک زخم خوردہ شیرنی کی طرح باورچی خانہ کی زمین کو آسمان سے اور آسمان کو زمین سے ٹکرا کر رکھ دیتی تھیں۔ تھوڑی دیر تک تو ان کی مدِ مقابل یعنی کھانا مانگنے والے صاحبزادے کی والدہ مقابلہ کرتی رہتی تھیں لیکن تھوڑی دیر کے بعد وہ تھک کر اعتراف شکست کر لیتی تھی۔ لیکن بوا جعفری خانم کا توپ خانہ برابر گولہ باری کرتا رہتا تھا۔ وہ بڑبڑاتی تھیں، چیختی تھیں، پیٹتی تھیں، روتی تھیں اور آخر کار منہ پھلا کر اپنا پاندان لیے ہوئے اپنے پلنگ پر اٹواتی کھٹواتی لے کر پڑ جاتی تھیں۔ گویا احتجاجاً استعفیٰ دے دیا ہے۔ اب ان کو باورچی خانہ سے کوئی سروکار نہ ہوتا تھا۔ کھانا پکے یا نہ پکے، کوئی کھانا کھائے یا نہ کھائے۔ ہانڈی جلے یا رہے، چوہے روٹیاں گھسیٹیں یا برتن کتا چاٹے۔ ان تمام باتوں سے ان کو کوئی مطلب نہ ہوتا تھا اور باورچی خانہ بالکل سوراجی حکومت بن کر رہ جاتا تھا اور ایک طوائف الملوکی کا دور دورہ ہوتا ہے لیکن بوا جعفری خانم کے ساتھ والدہ صاحبہ بھی باورچی خانہ کا مقاطعہ کر دیتی تھیں جس کا نتیجہ یہ ہوتا تھا کہ آخر کار سب کو اس عظیم الشان ہستی اس جلالت مآب وجود اس اہم شخصیت اور اس بلند مرتبہ خاتون کے سامنے جھکنا ہی پڑتا تھا۔ وہ روٹھی رہتی تھیں اور سب مناتے تھے وہ پھولی رہتی تھیں اور سب خوشامد کرتے تھے۔ وہ قہر مجسم ہوتی تھیں اور

سب بخشش چاہتے تھے کہ ''اے خدا کی برگزیدہ بندی! ہم تیرے حضور گناہ گاروں کی حیثیت سے حاضر ہیں۔ اپنے گناہوں کا اقرار ہے اور ہم اپنی خطاؤں کے لیے معافی خواہ ہیں۔تو اگر چاہے تو ہم کو معاف کر سکتی ہے، ورنہ شاید خدا بھی نہ معاف کرے''۔

لیکن وہ التجاؤں پر بھی اپنا منہ بدستور پھلائے رہتی تھیں اور والدہ صاحبہ کے تیور یہ ہوتے تھے کہ ''اے میری محترم ملازمہ! اگر کسی نے آنکھ دکھائی ہو تو آنکھ نکلوا دوں، کسی نے ہاتھ اٹھایا ہو تو ہاتھ کٹوا دوں اور کسی نے زبان درازی کی ہو تو گدی سے زبان کھچوا دوں۔ بہر حال تو خوش ہو جا کہ تیری خوشی میری خوشی ہے اور جو تجھ کو ناخوش کرے۔ وہ میرا دشمن ہے اور جو تجھ کو ستاتا ہے وہ مجھ کو ستاتا ہے''۔

ان صورتوں کے بعد بوا جعفری خانم دو چار دن میں رفتہ رفتہ ٹھیک ہو کر پھر اپنے اسی ''زنانے'' پر آجاتی تھیں اور گھر بھر میں انہیں کا ڈنکا بجنے لگتا۔

افسوس تو یہ ہے کہ موت کے ظالم ہاتھوں نے اس ''جواں مرد'' خاتون کو بھی نہ چھوڑا اور ان کے اٹھتے ہی باورچی خانہ کی رونق بھی اٹھ گئی۔ نہ وہ چہل پہل ہے۔ نہ وہ شان و شوکت ہے۔ بس اب صرف باورچی خانہ جہاں اب کھانا پکتا ہے اور جہاں سے دھواں برآمد ہوتا ہے بس۔ اب ہم کو باورچی خانہ سے اتنا کام رہ گیا ہے کہ دور ہی سے پوچھ لیتے ہیں۔

پک گیا؟ تو پھر لاؤ۔

پکا چکیں؟ تو اب آؤ۔

وہاں گرمی ہے تو باہر آ جاؤ۔

اس کے علاوہ تو اب یاد بھی نہیں آتا کہ کبھی باورچی خانہ از منۂ قدیم میں کیا کیا رہ چکا ہے لیکن خدا نہ کرے کہ تاریخ اپنے واقعات کو دہرائے۔

شوخیٔ تحریر (حصہ دوم) 15 مرتب : تنویر حسین

کرنل محمد خان

کار بکاؤ ہے

ہم سے پہلے بھی کوئی صاحب گزرے ہیں جنہوں نے بیٹھے بٹھائے بکری پال لی تھی اور پھر عمر بھر اس کے زانو پر سر رکھ کر منمناتے رہے تھے۔ ہمیں غیب سے یہ سوجھی کہ اتفاق سے ولایت جا رہے ہیں، کیوں نہ وہاں سے نئی کار لائی جائے؟ یعنی کیوں نہ جانے سے پہلے پرانی کار بیچ دی جائے؟ اور یہ سوچنا تھا کہ جملہ اندیشۂ شہر کو لپیٹ کر ایک کونے میں رکھ دیا اور کار بیچنا شروع کر دی۔ بوٹی بوٹی کر کے نہیں، سالم۔

ہمارے کار فروشی کے فعل کو سمجھنے کے لئے کار سے تعارف لازم ہے۔ یہ کار ان کاروں میں سے نہ تھی جو خود بک جاتی ہیں۔ اس متاعِ ہنر کے ساتھ ہمارا اپنا بکنا بھی لازم تھا۔ یعنی اس کار کے بیچنے کے لئے ایک پنج سالہ منصوبے کی ضرورت تھی لیکن ہمارے پاس صرف تین دن تھے کہ چوتھے روز ہم نے فرنگ کو پرواز کر جانا تھا۔ سو ہم نے ازراہِ مجبوری ایک سہ روزہ کریش پروگرام بنایا جس کا مختصر اور منقّی لب لباب یہ تھا: آج اشتہار، کل خریدار، پرسوں تیس ہزار! سو ہم نے اشتہار دے دیا۔

کار بکاؤ ہے

''ایک کار، خوش رفتار، آزمودہ کار، قبول صورت، فقط ایک مالک کی داشتہ، مالک سمندر پار جارہا ہے۔ فون نمبر ۶۲۲۰۹ سے رابطہ قائم کریں''۔

یہ سب کچھ صحیح تھا لیکن جو اس سے بھی صحیح تر تھا......اور جسے ہم اشتہار میں بالکل

گول کر گئے تھے...... وہ موصوفہ کی عمر تھی جس کا صحیح اندازہ حضرت خضر کے سوا کسی کو نہ تھا۔ وہ طویل مسافت تھی جو محترمہ طے کرتے کرتے لڑکھڑانے لگی تھی اور اس کے اندرونی اعضاء کی وہ باہمی شکر رنجیاں تھیں جنہیں شیر وشکر کرنے میں ممدوحہ کے مالک اور گردونواح کے جملہ مستری بے بس تھے۔

دوسری صبح اشتہار کے جواب میں ٹیلیفون آیا:

''السلام علیکم ورحمتہ اللہ وبرکاتہ''

اس متشرع سلام کے جواب میں ہم نے صرف وعلیکم السلام کہا۔ جو بہت ناکافی محسوس ہوا۔ ہمیں ذرا شک سا تھا کہ وعلیکم السلام کے ساتھ بھی برکاتہ وغیرہ لگ سکتے ہیں یا نہیں، ورنہ جی تو چاہا کے سلام کا دمدار ستارہ بنا کر پیش کریں۔ اتنے میں ادھر سے آواز آئی:

''بندہ پرور، یہ کار کا اشتہار آپ نے دیا ہے؟''

''جی ہاں''

''کس ساخت کی ہے؟''

''فوکس ویگن ہے جناب۔ آج کل بڑی مقبول ہے''۔

''بجا فرمایا آپ نے۔ کون سا ماڈل ہے؟''

''ایسا پرانا نہیں۔ نئے ماڈل سے ملتا جلتا ہے''۔

''میرا مطلب ہے کس سال کی ساخت ہے؟''

اب ساخت تو دس سال پہلے کی تھی لیکن جواب میں یوں کھلم کھلا سچ بولنا ہمیں موافق نہ تھا۔ ادھر جھوٹ بولنا بھی ناواجب تھا۔ معاً ہمارے ذہن میں خیال آیا کہ کیوں نہ خریدار کے شرعی رجحانات کے پیشِ نظر کار کی تاریخ پیدائش سن عیسوی کی بجائے سال ہجری میں بتائی جائے۔ شاید شعائرِ اسلام کے احترام میں مزید موشگافی نہ کرے۔

بدقسمتی سے ہمیں موجودہ سال ہجری کا صحیح علم نہ تھا۔ کچھ اندازہ سا تھا۔ اس سے آٹھ سال منہا کر کے کہا:

قبلہ ۱۳۷۷ ہجری کی ساخت ہے۔

الحمد اللہ۔ آپ تو بڑے صالح مسلمان معلوم ہوتے ہیں۔ ہاں تو آپ نے فرمایا ۱۳۷۷ ہجری۔ موجودہ سال ہجری ہے ۱۳۹۰ گویا تیرہ سال پہلے کا ماڈل ہے؟

ہم اپنے پھیلائے ہوئے دام تزویر میں پھنس کر رہ گئے تھے۔ بہرحال ہم نے پھڑ پھڑا کر نکلنے کی کوشش کی۔ یعنی جب ہجری کو آکے کارنہ بنا سکے تو سیکولر پینترا بدلا اور کہا:

''جناب معاف فرمایئے گا۔ ہجری حساب کچھ ٹھیک نہیں بیٹھ رہا۔ دراصل یہ صرف دس سال پہلے کا ماڈل ہے''۔

''دس اور تیرہ میں کوئی خاص فرق نہیں۔ کتنے میل کر چکی ہے؟''

ہمیں اسی سوال کا ڈر تھا۔ حقیقت یہ تھی کہ گزشتہ دس سال میں اگر ہماری کار اِدھر اُدھر چلنے کی بجائے خطِ مستقیم میں چلتی رہتی اور تیز بھی سکتی تو بحرالکاہل کے رستے دنیا کے چار چکر کاٹ چکی ہوتی۔ یعنی ویر چکر کی مستحق ہوتی۔ اس کا سپیڈومیٹر ننانوے ہزار نو سو ننانوے میل بتاتا تھا کہ اس سے زیادہ کچھ کہہ نہ سکتا تھا۔ ورنہ حقیقت تو یہ تھی کہ نکل گیا تھا وہ کوسوں دیارِ حرماں سے اور اس حقیر کرۂ ارض کا محیط زبوں تو فقط پچیس ہزار میل ہے اور اگر اڑ بھی سکتی تو کون کہہ سکتا ہے کہ جب نیل آرمسٹرانگ چاند پر اترتے تو پہلی چائے غریب خانے پر نہ پیتے! الغرض ہماری کار اب دشتِ امکاں عبور کرنے کے بعد تمنا کا دوسرا قدم تول رہی تھی، مگر افسوس کہ ہمارے گاہک کو کار کی ان ماورائی صفات میں دلچسپی نہ تھی، چنانچہ اس سوال کا جواب دیتے ہوئے کہ کتنے میل کر چکی ہے، زبان میں رعشہ پیدا ہونے لگا۔ بہرحال ہم نے اللہ کا نام لے کر ایک ہی سانس میں کہہ ڈالا:

''تقریباً ننانوے ہزار نوسو ننانوے میل''

ہمیں یقین تھا کہ یہ سن کر یا تو اپنا فون توڑ دیں گے یا گریبان پھاڑ ڈالیں گے لیکن خلاف توقع ادھر سے توڑ پھوڑ کی کوئی آواز نہ آئی بلکہ ایک امید افزا سوال سنائی دیا:

''کتنی قیمت ہے؟''

''تیس ہزار''

یہ ہم نے آدھے سانس میں کہا اور کامیابی سے اچھو کو روکا۔ ادھر سے مولوی صاحب کی آواز آئی:

جناب بندہ...... آپ کی کار دس سال پرانی ہے۔ ایک کم ایک لاکھ میل چل چکی ہے۔ آپ کے کہنے کے مطابق حالت اچھی ہے۔ مجھے آپ پر اعتبار ہے۔ تین ہزار روپے قبول فرمایئے گا؟

''کیا فرمایا آپ نے؟''

یہ جملہ ہمارے منہ سے اضطراراً نکلا تھا، ورنہ ہم نے تین ہزار کی پیشکش اچھی طرح سن اور سمجھ لی تھی۔ فقط ہمارے دل میں ایک فوری قہر نے کروٹ لی تھی۔ وہی قہر جو کبھی پطرس کے دل میں ابھرا تھا جب خدا بخش کے ساتھی نے ان کی تاریخی سائیکل کی قیمت چند ٹکے تجویز کی تھی اور پطرس نے دانت پیستے ہوئے کہا تھا:

''او صنعت و حرفت سے پیٹ پالنے والے انسان، مجھے اپنی توہین کی تو پروا نہیں، لیکن تو نے اپنی بیہودہ گفتاری سے اس بے زبان چیز کو جو صدمہ پہنچایا ہے اس کے لیے میں تجھے قیامت تک معاف نہیں کروں گا''۔

ہمارے غیر ارادی سوال کے جواب میں آواز آئی:

میں نے عرض کیا تھا تین ہزار...... لیکن آپ کو بہتر قیمت مل سکے تو بڑے شوق

سے دوسری جگہ بیچ دیں۔ ویسے زحمت نہ ہو تو میری پیش کش بھی کسی کونے میں نوٹ کر لیں۔ میرا فون نمبر یہ ہے اور میرا نام عبدالغفور ہے۔ خاکسار کو مولوی عبدالغفور کہتے ہیں''۔

تو یہ مولوی تھے۔ جبھی تو فرفر ہجری کی عیسوی بنا لی تھی۔ بہر حال ہم نے اپنے سارے غصے کا ایک فقرہ بنا کر مولوی صاحب کو پیش کیا:

''آپ سائیکل کیوں نہیں خرید لیتے؟''

جواب میں ہلکی سی ہنسی سنائی دی اور کچھ اس قسم کی گنگناہٹ کہ جواب تلخ مے زیبد لب لعل شکر خارا اور پھر آہستگی سے فون بند ہو گیا۔ بڑا طناز مولوی تھا ظالم!

تھوڑی دیر میں ایک اور خریدار کا انگریزی بولتا ہوا فون آیا؟

''چھوٹا والا اشتہار موٹر کے بارے میں آپ لوگ دیا؟''

''جی ہاں، میں نے ہی دیا ہے''۔

''کون والا کار ہے؟''

''فوکس ویگن والا''.

''اس میں ریڈیو ہے؟''

''جی نہیں''

''یہ تو بڑا Drawback ہے''۔

ہم سمجھ گئے کہ یہ اینگلو ورنیکلر صاحب محض ٹیلیفون قریب ہونے کی وجہ سے گاہک بن بیٹھے ہیں اور مطلب کار خریدنا نہیں، خریدنے کا سوادلینا ہے۔ عرض کیا۔

''جناب اس کار کا بڑا نقص یہ نہیں کہ ریڈیو نہیں رکھتی بلکہ یہ کہ رولز رائس نہیں''

''فوکس ویگن میں بھی ریڈیو لگ سکتا ہے''

''لگنے کو تو اس میں شہد کا چھتہ بھی لگ سکتا ہے، لیکن خاکسار کی کار میں یہ ایکسٹرا

فٹنگ نہیں۔گڈبائی''۔

ایک دواورفون بھی آئے لیکن کار کی عمرِ رفتہ اور سفرِ گزشتہ کا ذکر آیا تو بامقصد گفتگو کا سلسلہ ٹوٹ گیا۔ اسی طرح شام ہوگی۔ شام کی صبح ہوئی۔ ٹیلی فون ہمارے پہلو میں پڑا تھا لیکن چپ۔ سامنے آخری شب تھی، یعنی یہ.دازِ یورپ میں چند ساعتیں باقی تھیں۔ ہم نے سوچا اگر کار نہ بکی اور اس عالم پیری میں اسے تین ماہ گیراج میں گزارنے پڑ گئے تو جوڑوں کے درد کا شکار ہو جائے گی اور پھر شاید کوئی مولوی غفور بھی میسر نہ آئے۔ چلو مولوی صاحب سے ہی رجوع کریں لیکن فون اٹھایا تو ساتھ ہی مولوی صاحب کی ہنسی اور گنگناہٹ یاد آئی۔ سوچا، سبک سر ہو کے کیا پوچھیں کہ ہم سے سرگراں کیوں ہو، مگر اندر سے آواز آئی کہ میاں، غالب کا پرابلم تمہارے پرابلم سے سراسر مختلف تھا۔ وہ عشق کا معاملہ تھا۔ یہ تجارت کی بات تھی۔ بے تکلف فون کرو۔ ہم نے بے تکلف مولوی صاحب کا نمبر ملایا اور سلام اور رحمتیں اور برکات بھیجنے کے بعد کہا:

''مولانا ساڑھے تین ہزاز میں کار آپ کی ہے۔ چاہیں تو آج ہی لے جائیں''۔

تین پر ساڑھ کا اضافہ محض مولوی صاحب کی فتح کو جزوی شکست دینے کی خاطر تھا۔

لیکن قاری محترم، قصہ کوتاہ، اسی شام مولوی صاحب ایک سوکم تین ہزار میں کار لے گئے۔ ایک سوکم اس لئے کہ بقول مولوی صاحب پچھلی بات چیت کے بعد کار چند قدم چل کر اور بوڑھی ہو چکی تھی اور کچھ یہ بھی کہ مولوی صاحب کی خودی ہماری خودی سے ٹکرا کر ذرا زیادہ پائیدار نکلی تھی۔

کرنل محمد خان

عشق پر زور نہیں!

(نوٹ: یہ واقعہ ان ہی واقعات کا حصہ ہے جن کا ذکر مصنف نے مختصراً اپنی کتاب بجنگ آمد کے آخری دو پیروں میں کیا ہے۔ پس منظر کے طور پر مضمون سے پہلے یہ دو پیرے درج کئے جاتے ہیں)

پس منظر

ہمیں مدراس سے پشاور آئے ہوئے بہت عرصہ نہیں ہوا تھا کہ اچانک سلیکشن بورڈ میرٹھ کے سامنے پیش ہونے کا حکم ملا۔ ۳ جون ۱۹۴۷ء کو رات کی گاڑی سے روانہ ہوئے...... یہ وہی مبارک دن تھا جب قائداعظم نے آل انڈیا ریڈیو دلی سے اعلان کیا تھا کہ تقریباً دو ماہ بعد یعنی ۱۴ اگست ۱۹۴۷ء کو پاکستان قائم ہو جائے گا...... میرٹھ سے فارغ ہو کر عازمِ پشاور ہوئے تو اپنے پرانے دوست ٹانسلائٹس کو ساتھ لیتے ہوئے سیدھے ملٹری ہسپتال پشاور پہنچے۔ دو ہفتے کے بعد ہسپتال سے رخصت ہونے لگے تو انگریز نرس نے (جس نے چوری چھپے ہمارے خط پڑھ پڑھ کر یاد بھی کر لئے تھے) ہمیں مری میں گرمیاں گزارنے کا مشورہ، حکم اور دھمکی ملا جلا کر دیئے اور ڈاکٹر کے کانوں میں ایک ایسی چبھتی سی سرگوشی کی کہ غریب نے فی الفور ہمارے لئے چھٹی کی سفارش کر دی اور خود ہفتہ بھر کان میں گلیسرین ڈلواتا رہا۔

سیسل ہوٹل مری کا کمرہ ۲۶ ایک منکسر مزاج سا سنگل کمرہ ہے لیکن ہمارے لیے عظیم تاریخی حیثیت رکھتا ہے۔ اسی کمرے میں ہم پر ۱۴ اگست ۱۹۴۷ء کو پاکستان کی پہلی

صبح طلوع ہوئی۔ اسی کمرے میں ریڈیو پاکستان کا پہلا نشریہ سنا۔ گویا اسی کمرے میں وطنِ عزیز کی آزادی کی ابتداء ہوئی۔ مگر اسی کمرے میں اپنی آزادی کا خاتمہ بھی ہوا۔ یعنی وہ خاتون جو اس شب ہمارے ساتھ شریکِ بزم تھی دوسرے روز شریکِ حیات بن گئی اور وہ آزادہ رو نیم لفٹین کہ قاہرہ سے لے کر مانڈلے تک عشق کی دسترس سے محفوظ رہا تھا، مری پہنچ کر اسیرِ الفت ہو گیا۔

بڑی مدت کے بعد آخر وہ شاہیں زیرِ دام آیا

اور یہاں سے ایک دوسری داستان کا آغاز ہوتا ہے۔

لیکن اس مضمون سے دوسری داستان کا آغاز نہیں ہو رہا۔ یہ واقعہ بھی اسی داستان کا ایک چھوٹا سا ٹکڑا ہے جو کتاب میں شامل نہ کیا جا سکا۔ اس واقعہ کی ابتداء بھی پاکستان بننے سے چند ماہ پہلے ہوئیں۔ تو سنیں:

ہم نے عشق کے معاملے میں ہمیشہ احتیاط اور کفایت شعاری سے کام لیا ہے۔ فقط ایک مرتبہ دل کھول کر محبت کی اور آپ نے دیکھا کہ نتیجہ شادی رہا۔ لیکن آپ یہ سن کر شاید حیران ہوں کہ شادی سے چند ہفتے قبل ہمارے اصلی عشق کے متوازی ایک ضمنی عشق بھی چل پڑا۔ بے شک اس میں تھوڑا سا، بالکل تھوڑا سا، دخل ہمارے شوقِ فضول کو بھی تھا لیکن اس کا اصلی محرک ایک دیوی کا پریم تھا جو یوں تو گہری نیند سو رہا تھا، لیکن ہماری چھوٹی سی بد پرہیزی سے بیدار ہو گیا اور ہم اس کی لپیٹ میں آ گئے ...... کہانی ذرا طویل ہے اور اس وقت سے شروع ہوتی ہے جب چند ماہ پیشتر ہم مدراس سے براستہ دلی پشاور آ رہے تھے۔

دلی میں ایک بڑے صاحب سے ملنا تھا۔ چند گھنٹوں کے لئے ٹھہر گئے۔ صاحب کے دفتر میں گئے تو سیکرٹری نے رستہ روک لیا اور فرمایا کہ صاحب بہادر ایک گھنٹے کے

لئے باہر تشریف لے گئے ہیں جی چاہے تو ایک گھنٹہ سیر کر آؤ اور جی چاہے تو اس کونے میں بیٹھ کر انتظار کر لو۔ ہم تھکے ہوئے تھے۔ سیر کا موڈ نہ تھا۔ کونے میں بیٹھ گئے اور سیکرٹری کو دیکھنے لگے ... لڑکی تھی!

لڑکی جوان تھی، مگر شکل کی واجبی سی ہی تھی۔ ذرا بجھی بجھی سی لگتی تھی۔ شاید قدر دانی کی کمی کی وجہ سے۔ خدا جانے کیوں مگر ہمیں شرارت سوجھی کہ چلو اس کی تھوڑی سی قدر کریں اور اس کی زندگی میں چھوٹی سی موم بتی روشن کریں۔ مزید سوچنے سے پہلے ہمارے منہ سے نکلا:

''آپ بنگال کی رہنے والی ہیں؟''

لڑکی چونکی۔ ہمیں کسی قدر غور سے دیکھا اور بولی:

''یہ اندازہ آپ کو کیسے ہوا؟''

''آپ کی آنکھوں سے''

''بنگالی آنکھوں کی کوئی پہچان ہوتی ہے؟''

''جی ہاں۔ غزالوں سے مشابہ ہوتی ہیں''

سیکرٹری مسکرائی۔ یوں لگا جیسے خیالی آئینے میں جھانک رہی ہو۔ پھر ہمیں ذرا زیادہ غور سے دیکھا۔ ہم تھوڑے پھولے لیکن آخر بولی تو کہا:

''میں یو۔ پی کی رہنے والی ہوں''

ہمیں اپنے اندازے کی تردید سن کر سخت مایوسی ہوئی۔ ہم نے دل میں کہا: اے نیک بخت تو یو۔ پی کی رہنے والی تھی تو جب کیا ہوا؟ ہماری تردید لازم نہ تھی۔ دیکھتی نہیں کہ بھگوان نے ایک چاہنے والا بھیجا ہے۔ بہر حال ہمیں پتہ چل گیا کہ دلبر سخن شناس نہیں۔ گفتگو جاری رکھی اور کہا:

''ٹھیک ہے یہ غزالی آنکھیں خال خال یو۔ پی میں بھی پائی جاتی ہیں۔ مثلاً نہرو

خاندان میں''۔

بولی: ''میں نہرو نہیں، لیکن الہ آباد کی رہنے والی ہوں''

ہم نے دل میں کہا تو نہرو نہیں، نہ سہی۔ شکر ہے اللہ کا تو الہ آباد کی باسی تو ہے ورنہ ہماری ساری قیافہ شناسی غارت جا رہی تھی۔ پوچھا:

''آپ کا خاندان؟''

''ہم سپرو ہیں''

''اچھا خاندان ہے۔ آپ کا نام؟''

ہم انتظار کرنے لگے کہ کوئی پیارا سا نام ہوگا: اوشا، آشا، پدمنی، رکمنی وغیرہ۔ لیکن بولی:

''مجھے مس سپرو کہتے ہیں''۔

کہا: ''اگر دس بارہ مس سپرویں مل جائیں تو پھر آپ کی پہچان کیا ہوگی؟''

بولی: ''میری بائیں کان پر تل ہے''

محبت کی کسی دوسری منزل میں تو ہم اس تل پر جان چھڑک دیتے یعنی سمرقند و بخارا بخشنے کے علاوہ، لیکن اس وقت تل کی پیشکش از راہِ محبت نہیں ہو رہی تھی، بلکہ بغرض شناخت۔ ادھر ہم ایک دوست کی حیثیت سے کوائف پوچھ رہے تھے نہ کہ سیکورٹی افسر کے طور پر۔ بہرحال ہمیں خوشی بھی ہوئی کہ معشوق بھولا بھالا ہے۔ پر کار معشوق انجامِ کار بہت ثقیل ثابت ہوتے ہیں۔ ہم نے تل کو مصنوعی غور سے دیکھا اور کہا:

ہاں سچ مچ بڑا پیارا تل ہے۔ ویسے آپ کا پورا نام کیا ہے؟

''مس رادھا سپرو''

''مس کے بغیر آپ کا گزارہ نہیں ہو سکتا؟''

''میں سمجھی نہیں''

اور واقعی وہ سیدھی سی بات نہیں سمجھ پائی تھی۔ واجبی شکل کے ساتھ اگر عقل بھی واجبی ہو تو رومان تو چلتا رہتا ہے، مگر ڈائیلاگ نہیں چلتا۔ ہم نے کہا:

''صرف رادھا کتنا پیارا نام ہے''...... اور صرف پر زور دیا۔

''سب سے پیارا نام تو نرگس ہے۔ میری سہیلی کا نام ہے۔ ہمارے ساتھ ہوسٹل میں رہتی ہے''۔

پیشتر اس کے کہ ہم رادھا پر واضح کرتے کہ سرِ دست ہمیں اس کی بیرونی سہیلیوں اور ان کے اسمائے گرامی میں دلچسپی نہ تھی، بڑے صاحب آ گئے اور ہم ان کے ساتھ ان کے کمرے میں چلے گئے۔ تھوڑی دیر بعد صاحب سے فارغ ہو کر سیکرٹری کے کمرے میں آئے تھے تو لنچ کا وقت ہو رہا تھا۔ ہم نے مس سپرو سے پوچھا:

''یہاں کوئی ریستوران قریب ہے؟''

''امپیریل ریستوران بغل میں ہے''۔

''شکریہ۔ اور ہاں، آپ کھانا نہیں کھائیں گی؟''

ہماری دعوت واضح تھی، مگر جواب ملا:

''کھاؤں گی مگر ہوسٹل میں لڑکیوں کے ساتھ''

ہم نے دل میں کہا: ''تو ہے ہی اسی قابل۔ تجھے کسی لڑکے کے ساتھ مشکل ہی سے کھانا نصیب ہوگا۔ اسی اثناء میں ہماری نگاہ اتفاقاً گھڑی پر پڑی تو پوچھنے لگی:

''کہیں جانا ہے؟''

''جی ہاں، اگلی گاڑی سے پشاور جانا ہے''۔

''خاص پشاور؟''

''جی ہاں۔ خاص پشاور، آرٹلری میس۔ کمرہ نمبر ۲۔ اور ہاں ڈاک خانہ بھی پشاور ہی ہے''۔

ہمارے جواب پر رادھا مسکرائی۔ ہم سمجھے شاید اب کوئی میٹھی سی یادگار بات کہے گی، لیکن کہنے لگی:

''اچھا؟ پشاور میں تو میری سہیلی کانتی اور اس کا شوہر کیپٹن رمیش رہتے ہیں۔ کیا وہاں جا کر ان کا صحیح پتہ مجھے لکھ سکیں گے؟''

لاحول ولا قوۃ۔ کہاں رومانس، کہاں بزنس! بہر حال ہم نے ایک الوداعی مسکراہٹ کے ساتھ کہا:

''کوشش کروں گا'' .....اگر چہ کوشش کی کوئی نیت نہ تھی۔

اس کے بعد مس رادھا اپنا ہینڈ بیگ اٹھائے، ہم سے بجھی بجھی نظریں ملائے اپنے ہوسٹل کو چل دی۔ ظاہر تھا کہ رادھا پر ہمارے پیغامِ شوق کا کوئی مثبت اثر نہیں ہوا۔ بے شک ہمارے پیام میں بھی بہت نم نہیں تھا: تاہم بظاہر موصوفہ کی مٹی بھی ایسی زرخیز نہیں تھی۔ یوں محسوس ہوا جیسے بے چاری کا پیام وصول کرنے والا آلہ ناقص ہے۔ یعنی یا تو چلتا ہی نہیں اور یا دھکا۔ٹارٹ ہے..... بہر حال ہمارا مدعا بھی ایک عارضی دل لگی کے سوا کچھ نہ تھا کہ کسی طور تھوڑا سا فالتو وقت گزارنا تھا۔ وہ گزار لیا، چنانچہ مس رادھا کے کمرے سے نکلے تو مس رادھا ہمارے دماغ سے نکل گئی۔

پشاور پہنچے تو تیسرے روز دلی سے انگریزی زبان میں اجنبی سا خط آیا مضمون تھا:

''ڈیئر میجر۔ آپ کو کیپٹن رمیش کا پتہ مل گیا ہو تو مہربانی کر کے لکھ بھیجیں۔ ممنون ہوں گی''۔

''آپ کی صادقہ (Yourstruly)

آر سپرو

کاروباری سا خط تھا۔ پڑھ کر ایک طرف رکھ دیا۔ چار دن بعد ایک اور خط آیا۔

''ڈیئر فرینڈ۔ اگر آپ کو رمیش کا پتہ نہیں ملا تو کوئی حرج نہیں۔ آپ اس کا پتہ

ملنے تک جواب نہ روکیں۔ مجھے صرف یہ معلوم کرنا ہے کہ آپ تو خیریت سے ہیں''۔

آپ کی مخلصہ (Yourssincerely)

رادھا سپرو

ارے، کچھ ہو رہا تھا! ڈیئر میجر کی جگہ ڈیئر فرینڈ سے خطاب ہونے لگا تھا۔ آر پوری رادھا بن گئی تھی اور سب سے بڑھ کر یہ کہ رادھا رانی ہماری خیریت کی خبر کے لئے بے چین ہو رہی تھی۔ ہم نے سوچا خدا نہ بھلائے، یہ نشانیاں تو پیار کی ہیں، لیکن عجیب ست رفتار پیار ہے۔ ہم نے عشق کی دیا سلائی تو ملاقات کے پہلے لمحے ہی جلا دی تھی۔ لیکن محبت کی موم بتی اس قدر بعد از وقت روشن ہو رہی ہے۔ کچھ واپڈا مزاج سی لگتی ہے۔ بہر حال ہم ایک دو روز اسی ادھیڑ بن میں رہے کہ خط کا جواب دیا جائے یا نہ کہ اتنے میں ایک اور خط آیا:

''ڈیئر خان۔

خدا کے لئے مجھے اپنی خیریت کا لکھو۔ میں سوچتی ہوں اس روز تم نے امپیریل ریستوران میں کھانے کو کہا تو میں تمہاری دعوت پر اچھل کیوں نہ پڑی (انگریزی محاورہ) میں نے تمہاری ملاقات کا ذکر اپنی سہیلی نرگس سے کیا تو اس نے بتایا کہ پگلی، اسے تو تم سے محبت ہے۔ کاش میں اس وقت سمجھ گئی ہوتی۔ کاش میں تمہیں بتا سکوں کہ میرے دل میں تم کس قدر گہرے جا چکے ہو۔ (انگریزی محاورہ)

تمہاری اپنی (Yourown)

رادھا''

تو ہمارا قیاس درست تھا۔ رادھا کا دل سٹارٹ ہونے کے لئے نرگس کے دھکے کا محتاج تھا۔ بہر حال خط پڑھا۔ پھر پڑھا۔ ہم کسی کے دل میں سما رہے تھے۔ ہمارے یہ نصیب! اب بظاہر تو یہ لوٹنے کی جائے تھی، لیکن لوٹنے کی ہمت نہ پڑی، بلکہ پسینہ آنے

لگا۔ ہماری پریشانی اس وجہ سے نہ تھی کہ ایک خاتون نے ہماری دل لگی کو سچ سمجھ کر ہمارے دل کا دروازہ دونوں ہاتھوں سے کھٹکھٹانا شروع کر دیا تھا بلکہ اس لئے کہ ایک دوسری خاتون...... جس کی بدولت اس شاہین کو بالآخر زیرِ دام آنا تھا...... ان دنوں ہمارے دل میں تازہ تازہ گھر کر چکی تھی۔ ہم نے سوچا کہ اگر یہ دل نشین خاتون پوچھ بیٹھی کہ باہر سے دروازہ کون کھٹکھٹا رہا ہے تو ہم کیا جواب دیں گے اور اگر یہ بیرونی شور سے تنگ آکر ہمارا دل خالی کرنے پر تل گئی تو ہمارا کیا بنے گا؟ اپنے دل کی خانہ ویرانی کے تصور سے ہم لرز اٹھے۔ اضطرار میں اور کچھ نہ سوجھا تو اپنے روم میٹ میجر احسان سے مشورہ کرنے لگے۔

احسان نے مشورہ دینے سے پہلے رادھا کے تینوں خط پڑھے۔ ہم سے دلّی کی ملاقات کی روداد سنی اور اسی وجہ سے جیسے ڈاکٹر مریض کی ہسٹری سنتا ہے، بلکہ اس کی ہمدردی کا یہ عالم تھا کہ ایک ڈاکٹر کی نسبت زیادہ دردمند نظر آرہا تھا...... یہ وہی احسان تھا جسے میں آج تک ایک بے فکر اور آوارہ مزاج سا نوجوان سمجھتا تھا، لیکن اس گھڑی صاف رحمت کا فرشتہ نظر آتا تھا۔ کافی سوچ کے بعد پوچھنے لگا:

''یہ دوسری خاتون (جو تمہارے دل میں گھر کر چکی ہے) اس وقت کہاں ہے؟''

''مری میں''

''پشاور آنے کا ارادہ رکھتی ہے؟''

''نہیں۔ مجھے مری بلا بھیجا ہے''

''تو پھر فکر کی کوئی بات نہیں۔ تم دلّی والی کے جواب میں چپ رہو''

''میں نے تمہارے سوا کسی سے بات نہیں کی اور نہ کروں گا''

''بات کرنے پر کوئی پابندی نہیں۔ صرف رادھا کے خطوں کے جواب میں

خاموش رہو۔خود بخود چپ ہو جائے گی''۔

کتنا آسان علاج تھا! ''چپ رہو۔خود بخود چپ ہو جائے گی''۔کاش خود ہمیں سوجھتا اور رازِ الفت عیاں نہ ہوتا۔لیکن خیر، ہمارا راز احسان کے سینے میں بھی اتنا ہی محفوظ تھا۔اچھا روم میٹ بھی خدا کی دین ہوتی ہے۔ہم نے خدا کا شکر ادا کیا۔

ہم نے رادھا کے تیسرے خط کا جواب بھی نہ دیا۔تین چار دن خیریت سے گزرے۔ہمارے چہرے پر رونق آنا شروع ہی ہوئی تھی کہ اچانک چوتھا خط آ گیا۔

''ڈارلنگ!

میں تمہارے سویٹ خط کا کس طرح شکریہ ادا کروں۔تمہیں کوئی اندازہ نہیں کہ میں نے اسے پڑھنے سے پہلے کتنی مرتبہ چوما۔ڈارلنگ، میں تم سے ملنا چاہتی ہوں۔جلد بتاؤ، کہاں اور کیسے؟''

صرف تمہاری(Onlyyours)

رادھا''

یہ کیا ہو رہا تھا؟ کس کا سویٹ خط؟ دلِ مضطر کو تھامے پھر احسان کے پاس گیا اور رادھا کا خط دکھایا۔پڑھ کر بولا۔

''اونہہ۔ٹھیک ہے۔خاموشی جاری رکھو''۔

''وہ تو جاری ہے۔یہ بتاؤ کہ کون ہو سکتا ہے جس نے رادھا کو سویٹ خط لکھا ہے''۔

جواب میں کیا دیکھتا ہوں کہ احسان ہنسی روکنے کی کوشش کر رہا ہے جو ہچکی کی شکل میں خارج ہو رہی ہے۔تو یہ احسان کی کارستانی تھی! اس آوارہ مزاج فرشتے کی! میں نے اپنی محتاجی سے قطع نظر کرتے ہوئے ایک غضب کے عالم میں احسان کے ہاتھ سے خط چھینا اور اسے کہا:

''تو یہ خط تم نے لکھا تھا؟ تم، تم، تم نے؟ بتاؤ حرکت کیوں کی؟ ظالم دیکھتے نہیں وہ مری والی خاتون کیا کہے گی؟''

بولا: ''مری والی خاتون کچھ بھی نہ کہے گی بشرطیکہ تم یہ خط پلیٹ پر رکھ کر اسے پیش نہ کردو، بلکہ اب خط میرے پاس ہی رہنے دو۔ پڑھ کر ذرا دل پشاوری کریں گے''۔

''کسی کا خط پڑھنا شرافت سے بعید ہے''

''زیرِ بحث معاملہ شرافت نہیں، خط ہے۔ اور چونکہ یہ میرے خط کا جواب ہے اس پر میرا حق نسبتاً فائق ہے''۔

''یہ ناجائز حرکت ہے''۔ ہم نے فتویٰ دیا۔

''مگر دلچسپ اور بے ضرر ہے۔ دلّی والی دیوی کا کچھ بھی ضائع نہ ہوگا سوائے رائٹنگ پیڈ کے ایک ورق کے۔ اور ہمارا دل پشا......''۔

''تمہارا دماغ خراب اور کیریکٹر مشکوک ہے تم رات کو بھی دیر سے آیا کرتے ہو''۔

اس پر احسان کھلکھلا کر ہنس دیا اور میں پیچ و تاب کھاتا اٹھ آیا...... مگر دو ہی دن گزرے تھے کہ رادھا کی طرف سے ایک برقیہ آیا۔ جی ہاں، خط نہیں تار! مضمون تھا:

''دعوت کا شکریہ۔ میں ۶ جون کو ہوائی جہاز سے پشاور پہنچ رہی ہوں...... رادھا''۔

فوری اشتعال میں قتل کر دینا کوئی نئی بات نہیں، لیکن فوری طور پر احسان دستیاب نہ ہو سکا اور ہمارا غصہ احسان کی غائبانہ سرکوبی اور اس کے بیرے سے بالمشافہ تلخ کلامی میں صرف ہو گیا۔ رات گئے احسان ملا تو ہمارے جملہ سنگین ارادے حلیم ہو چکے تھے اور ہمارا غصہ پارلیمانی شکل اختیار کر چکا تھا۔ ہم نے تار کھول کر احسان کی میز پر رکھ دیا اور کہا:

''یہ ہے تمہاری دعوت کا جواب۔ اس دفعہ محترمہ نے رائیٹنگ پیڈ سے ورق اکھاڑ کر نہیں بھیجا، بلکہ خود دلّی سے اکھڑ کر پشاور آرہی ہیں''۔

بولا: ''الحمدللہ۔ چشمِ ماروشن۔ دلِ ماشاد''

''لیکن دل ماسخت ناشاد ہے۔ ذرا سوچو تو، مری والی خاتون کیا کہے گی؟''

'' کچھ بھی نہیں کہے گی بشرطیکہ تم اسے مری سے بلا کر پشاور کے ہوائی اڈے پر رادھا کے استقبال کے لئے نہ لے چلو''۔

''میرا ہوائی اڈے پر جانے کا کوئی ارادہ نہیں''۔ میں نے فیصلہ کن انداز میں کہا۔

''تو مت جاؤ۔ یہ خوشگوار فرض ہم ادا کریں گے''۔

''لیکن وہ میری خاطر آرہی ہے''۔

''ہم تمہاری خاطر ہی اسے لینے جائیں گے''۔

''تم اسے ٹھہراؤ گے کہاں؟ کبھی اس مسئلے پر بھی غور کیا ہے؟ ہم نے غصے سے پوچھا۔

''ارے اس مسئلے کے کئی خوشگوار حل ہیں۔ بستے شہر میں یہ بھی کوئی مسئلہ ہے؟''

''اتنا نازک معاملہ ہے اور تمہیں ہر چیز خوشگوار نظر آتی ہے۔ تمہارا دماغ واقعی خراب اور کیریکٹر......'' ہم وفورِ جذبات سے جملہ بھی پورا نہ کر سکے۔ مگر احسان آرام سے بولا:

خاکسار کا کیریکٹر مثالی ہے۔ ہماری پچھلے سال کی اے۔سی۔آر[1] اٹھا کر دیکھ لو''

ہم بڑبڑاتے ہوئے اٹھ کھڑے ہوئے اور سوچنے لگے کہ اب کیا کریں۔ اگر رادھا آگئی تو بھرے شہر میں فقط ایک صورت اور ایک ہی گھر پہچان سکے گی اور وہ ہماری

---

1 سالانہ خفیہ رپورٹ جو ہر فوجی افسر کے متعلق لکھی جاتی ہے

صورت اور ہمارا ہی گھر ہے۔ ہمیں رادھا سے عشق نہ سہی، لیکن مری والی خاتون کو اپنے عدمِ عشق کا کیا ثبوت دیں گے؟ اور اگر اس نے ہم سے منہ موڑ لیا تو ہم یہ صدمہ کیسے برداشت کریں گے؟ ہم رونے پر آ گئے اور مایوسی کے عالم میں ہم نے نیچے سُروں میں خدا سے شکوہ کیا:

تو قادر و عادل ہے مگر تیرے جہاں میں
ہیں تلخ بہت بندۂ مجبور کے اوقات

(جی ہاں۔ ہم نے جان بوجھ کر مزدور کو مجبور سے بدل ڈالا۔ بے شک ہمارا برا حال تھا مگر میجر تھے!)

پھر خدا سے باقاعدہ دعا مانگی جس میں اپنی مجبوری کا تفصیل سے ذکر کیا۔

''اے رب۔ جس خاتون سے ہمیں محبت نہیں اسے دھوکہ نہیں دینا چاہتے اور جس سے محبت ہے، اسے کھونا نہیں چاہتے کہ یہی صالح عاشقوں کا شیوہ ہے، لیکن خدایا، جذبۂ دل کی مگر تاثیر الٹی ہے کہ اسے کھو رہے ہیں جسے پانا چاہتے ہیں اور وائس ورسا (Vice Versa) لاطینی معاف، میرے خدا، تو سب زبانوں پر قادر ہے اور دلوں کا حال جانتا ہے۔ کیا تیری رحمت سے بعید ہے کہ تیرے مجبور بندے کی بن جائے''۔

دعا کا منہ سے نکلنا تھا کہ افلاک سے نالوں کا جواب آ گیا۔ معاً ہمیں یاد آیا کہ ہم چند روز میں سلیکشن بورڈ کے سامنے میرٹھ جانے والے ہیں۔ ہم نے فوراً رادھا کو اپنے ہاتھ سے تار بھیجا:

''میں ۳ جون کو میرٹھ آ رہا ہوں۔ وہاں سے فارغ ہو کر تمہیں دلّی آ کر ملوں گا۔ میرا وہیں انتظار کرو۔　خان''۔

تار بھیج چکا تو یک لخت بادل چھٹ گئے۔ خدا کا شکر ادا کیا۔ اپنی دعا کو شاباش

دی جو اس پھرتی سے قبول ہوئی تھی۔ ۳ جون کو قائداعظم کی ریڈیائی تقریر سننے کے بعد عازمِ میرٹھ ہوئے تو ہم دوہری خوشی سے چہک رہے تھے۔ ادھر خدا تعالیٰ نے دنیائے محبت میں حصولِ مراد کی بشارت دی تھی۔ ادھر دنیائے سیاست میں قائداعظم نے قیام پاکستان کا مژدہ سنایا تھا۔ ہم کامیاب محبت اور آزاد وطن کا جشن مناتے ریلوے سٹیشن پر پہنچے۔ احسان ہمیں رخصت کرنے آیا۔ خدا حافظ کرتے ہوئے کہنے لگا:

''ہاں تو رادھا کا فکر نہ کرنا۔ میں نے اس کے تار کا مناسب جواب دے دیا ہے''۔

''مناسب جواب؟ مثلاً؟'' میں نے فکر مندی سے پوچھا۔

''یہی کہ تمہارے آنے کی خبر سن کر دل باغ باغ ہو گیا ہے۔ ہوائی اڈے پر تمہارا انتظار کروں گا''۔

چلتی گاڑی سے غصے کا عملی اظہار چھلانگ لگائے بغیر ممکن نہیں، لیکن میجر اور کپتان سرِ عام چھلانگیں نہیں لگایا کرتے؟ چنانچہ ہم نے چھلانگ روک کر اپنے افسرانہ وقار پر تو آنچ نہ آنے دی، مگر میجر احسان پر واضح کر دیا کہ میرٹھ سے واپسی پر ہمارا پہلا کام اس کا کام کرنا ہو گا۔ پھر اپنی نشست پر بیٹھے تو سارے راہ آتشِ غضب سے پورے وقار کے ساتھ دہکتے رہے۔ بٹھنڈے کے قریب ہمارے درجہ حرارت میں ذرا افاقہ ہوا تو سوچنے لگے: کاش یہ جعلی عشق نہ کرتے۔ کہیں یہ ہمارے حقیقی عشق کو بھی نہ لے ڈوبے۔

میرٹھ میں امتحان دیتے وقت بھی غمِ عشق دامن گیر رہا۔ ممتحن کرنل سوال پوچھتے تو منہ سے جواب بعد میں نکلتا اور سینۂ سوزاں سے آہ پہلے برآمد ہوتی۔ یہ کہنا تو شاید مبالغہ ہو گا کہ میری آہِ آتشیں سے بال کرنل جل گیا، لیکن ہمارا گلا ضرور بھڑک اٹھا۔ یہ دوسری بات ہے کہ ڈاکٹر نے دیکھا، تو غیر عاشقانہ سی زبان میں کہنے لگا: ''ٹانسلائٹس ہو گیا

ہے'' اور حکم دیا کہ پشاور پہنچتے ہی ہسپتال میں رپورٹ کرو۔

پشاور پہنچے تو ایک تو گلے کے درد سے بے حال ہو رہے تھے۔ دوسرے اس خیال سے کہ آگے رادھا رانی احسان کی نگرانی میں انتظار کر رہی ہو گی، دل کا درد بھی شاملِ حال ہو گیا، لیکن کمرے میں داخل ہوئے تو دیکھا کہ رادھا کی بجائے رادھا کا خط انتظار کر رہا ہے، احسان کہیں ایکسر سائز پر قبائلی علاقے میں چلا گیا تھا۔ رادھا کا خط کھولا۔ لکھا تھا:

''ڈارلنگ۔

تمہارے دونوں تاروں کا مضمون الگ الگ ہے۔ تم کہاں ہو؟ میں دلّی میں تمہارا انتظار کر رہی ہوں۔

تمہاری اپنی (Yourown)

رادھا''

ہم نے دل میں کہا: ''ہماری اپنی رادھا۔ اللہ تمہاری عمر اور تمہارا دلّی کا قیام دراز کرے۔ دلّی جیسی شاہی بستی میں رہ کر انتظار کرنے میں کوئی قباحت نہیں۔ صرف پشاور آنے سے پرہیز کرنا۔ خدا نے چاہا تو زود یا بدیر تمہیں گھر کے قریب ہی کوئی چاہنے والا مل جائے گا۔ آخر بڑے صاحب کو ملنے والے ہم جیسے ہزاروں آتے رہیں گے اور تکنیک تو اب تم کو معلوم ہی ہے: ''اچھا تو آپ پنڈی / پشاور / کابل جا رہے ہیں۔ وہاں تو میری سہیلی کانتی اور اس کا خاوند کیپٹن رمیش رہتے ہیں وغیرہ وغیرہ......''

......ہم نے اس خط کے جواب میں خاموش رہنے کا فیصلہ کیا۔

ہمیں مری سے بھی لگاتار خط آ رہے تھے۔ وہی خط جن کے چوری مطالعہ کے بعد ہماری خدا ترس نرس پر رقت طاری ہو گئی تھی اور موصوفہ نے ہماری خاطر شاف سرجن کے کان میں ایسی زود اثر سرگوشی کی تھی کہ ہمیں ہسپتال سے چھٹی دلا کر سید ھا مری

بھیج دیا تھا۔

مری پہنچے تو پیچھے پیچھے رادھا کے خطوط بھی براہ پشاور مری پہنچتے رہے وہی پرانا مضمون تھا: ''اب اور نہ تڑپاؤ۔ یا ہم کو بلا بھیجو یا آپ چلے آؤ۔ ہم خط پڑھتے۔ رادھا کے لئے ذرا دل پسیجنے لگتا لیکن مری والی کو دیکھتے تو دل دوسری طرف پسیجنا شروع کر دیتا۔ چنانچہ ہم دل کو سمجھا بجھا کر خط ایک طرف رکھ دیتے کہ اسی میں رادھا کا، ہمارا اور جملہ عوام الناس کا بھلا تھا۔ آخری خط ۱۴ اگست ۱۹۴۷ء کو آیا۔ لکھا تھا:

''ڈارلنگ۔

میں تمہارے خط کا انتظار کر رہی ہوں۔ اب تو پاکستان بن چکا ہے۔ ہوائی جہازوں کی آمد و رفت بھی بند ہوگئی ہے۔ اب تو تم میرے لئے خواب ہوتے جا رہے ہو''۔

اس خط سے دو روز پہلے مری والی خاتون شریکِ حیات بن چکی تھی۔ اسے رادھا کا خط دکھایا اور شانِ نزول بیان کی۔ اسی دن ولیمہ میں عورتوں کے حلقے میں بحث چھڑ گئی کہ پاکستان بننے کے بعد مسلمانوں کو کیا کیا فائدے ہوئے ہیں۔ جب دوسری خواتین رائے دے چلیں تو ایک نئی نویلی دلہن نے شرماتے ہوئے کہا:

''ایک ہی فائدہ ہوا ہے۔ دلّی اور پشاور کے درمیان ہوائی سروس بند ہوگئی ہے''۔

شفیق الرحمٰن

کلیدِ کامیابی

(حصہ دوم)

ہم لوگ خوش قسمت ہیں کیونکہ ایک حیرت انگیز دور سے گزر رہے ہیں۔ آج تک انسان کو ترقی کرنے کے اتنے موقعے کبھی میسر نہیں ہوئے، پرانے زمانے میں ہر ایک کو ہر ہنر خود سیکھنا پڑتا تھا، لیکن آج کل ہر شخص دوسروں کی مدد پر خواہ مخواہ تلا ہوا ہے اور بلاوجہ دوسروں کو شاہراہِ کامیابی پر گامزن دیکھنا چاہتا ہے۔

اس موضوع پر بیشمار کتابیں موجود ہیں۔ اگر آپ کی مالی حالت مخدوش ہے تو فوراً ''لاکھوں کماؤ'' خرید لیجئے۔ اگر مقدمہ بازی میں مشغول ہیں تو ''رہنمائے قانون'' لے آیئے۔ اگر بیمار ہیں تو ''گھر کا طبیب'' پڑھنے سے شفا یقینی ہے۔ اس طرح ''کامیاب زندگی''، ''کامیاب مرغی خانہ''، ''ریڈیو کی کتاب''، ''کلیدِ کامیابی''، ''کلیدِ مویشیاں'' اور دوسری لاتعداد کتابیں بنی نوع انسان کی جو خدمت کر رہی ہیں، اس سے ہم واقف ہیں۔

مصنف ان کتابوں سے اس قدر متاثر ہوا کہ اس نے از راہِ تشکر کلیدِ کامیابی، حصہ دوم، لکھنے کا ارادہ کیا، تاکہ وہ چند نکتے جو اس افادی ادب میں پہلے شامل نہ ہو سکے، اب شریک کر لیے جائیں۔

عظمت کا راز

تاریخ دیکھیے۔ دنیا کے عظیم ترین انسان غمگین رہتے تھے۔ کارلائل کا ہاضمہ خراب رہتا تھا۔ سیزر کو مرگی کے دورے پڑتے تھے۔ روس کا مشہور IVAN نیم پاگل تھا۔ خودکشی کی کوشش کرنا کلائیو کا محبوب مشغلہ تھا۔ کانٹ کو یہ غم لے بیٹھا کہ اس کا قد چھوٹا ہے۔ یورپ کی کلاسیکی موسیقی بیمار اور بیزار فن کاروں کی مرہونِ منت ہے۔ دنیا کا عظیم ادب مغموم موڈ کی تخلیق ہے اور اکثر جیلوں میں لکھا گیا ہے۔ لہٰذا غمگین ہوئے بغیر کوئی عظیم کام کرنا ناممکن ہے۔ غم ہی عظمت کا راز ہے۔ یا غم آسرا تیرا... !

تو پھر آج ہی سے رنجیدہ رہنا شروع کر دیجیے۔ بہت تھوڑے ملک ایسے ہیں، جہاں غمگین ہونے کے اتنے موقعے میسر ہیں، جتنے ہمارے ہاں۔ ابھی چند اشعار پڑھیے، ہماری شاعری ماشاء اللہ حزن والم سے بھرپور ہے۔ سوچیے کہ زندگی پیاز کی طرح ہے، چھیلتے رہیے اندر سے کچھ بھی برآمد نہیں ہوتا۔ رشتہ داروں اور ان کے طعنوں کو یاد کیجئے۔ پڑوسی عنقریب آپ کے متعلق نئی افواہیں اڑانے والے ہیں۔ جن لوگوں نے آپ سے قرض لیا تھا، ایک پائی بھی ادا نہیں کی (ویسے جو قرض آپ نے لیا ہے، وہ بھی ادا نہیں ہوا) ..... زندگی کتنی مختصر ہے؟..... مرنے کے بعد کیا ہوگا؟... شام کی گاڑی سے کوئی پندرہ بیس رشتہ دار بغیر اطلاع دیئے آجائیں گے۔ ان کے لیے بستروں کا انتظام کرنا ہوگا۔ یہ چشتی صاحب اپنے آپ کو کیا سمجھتے ہیں... ؟ پچھلے ہفتے قطب الدین صاحب نے کھانے پر سارے شہر کو مدعو کیا، سوائے آپ کے... وغیرہ وغیرہ۔

اب آپ غمگین ہیں۔ آہیں بھریئے۔ ماتھے پر شکنیں پیدا کیجئے۔ ہر ایک سے لڑیئے۔ عنقریب آپ اس برتری سے آشنا ہوں گے جو سدا بیزار رہنے والوں کا ہی حصہ ہے۔ وہ احساس جو انسان کو نطشے کا فوق الانسان بناتا ہے۔ اب آپ شاید کوئی عظیم کام کرنے والے ہیں......!

عظیم کام کر چکنے کے بعد اگر موڈ بدلنا منظور ہو تو فوراً بازار سے 'مسرور ہو' مسکراتے رہیے، یا ایسی ہی کوئی کتاب لے کر پڑھیے اور خوش ہو جائیے۔

اپنے آپ کو پہچانو

حکماء کا اصرار ہے کہ اپنے آپ کو پہچانو۔ لیکن تجربے سے ثابت ہوا ہے کہ اپنے آپ کو کبھی مت پہچانو، ورنہ سخت مایوسی ہوگی۔ بلکہ ہو سکے تو دوسروں کو بھی مت پہچانو۔

ایمرسن فرماتے ہیں کہ ''انسان جو کچھ سوچتا ہے، وہی بنتا ہے''۔

کچھ بننا کس قدر آسان ہے، کچھ سوچنا شروع کر دو اور بن جاؤ۔ اگر نہ بن سکو تو ایمرسن صاحب سے پوچھو۔

خواب اور عمل

اپنے خوابوں کو عملی جامہ پہنائیے۔ یہ جامہ جتنا جلد پہنایا گیا، اتنا ہی بہتر ہوگا۔ ان لوگوں سے بھی مشورہ کیجئے، جو اس قسم کے جامے اکثر پہناتے رہتے ہیں۔

حافظہ تیز کرنا

اگر آپ کو باتیں بھول جاتی ہیں تو اس کا مطلب یہ نہیں کہ آپ کا حافظہ کمزور ہے۔ فقط آپ کو باتیں یاد نہیں رہتیں۔ علاج بہت آسان ہے۔ آئندہ ساری باتیں یاد رکھنے کی کوشش ہی مت کیجئے۔ آپ دیکھیں گے کہ کچھ باتیں آپ کو ضرور یاد رہ جائیں گے۔

بہت سے لوگ بار بار کہا کرتے ہیں...... ہائے یہ میں نے پہلے کیوں نہیں سوچا؟ اس سے بچنے کی ترکیب یہ ہے کہ ہمیشہ پہلے سے سوچ کر رکھیے اور یا پھر ایسے لوگوں سے دور رہیے، جو ایسے فقرے کہا کرتے ہیں۔ دانشمندوں نے مشاہدہ تیز کرنے کے طریقے بتائے ہیں کہ پہلے پھرتی سے کچھ دیکھیے، پھر فہرست بنائیے کہ ابھی آپ نے کیا کیا دیکھا

تھا۔ اس طرح حافظے کی ٹریننگ ہو جائے گی اور آپ حافظ بنتے جائیں گے۔ لہٰذا اگر اور کوئی کام نہ ہو تو آج سے جیب میں کاغذ اور پنسل رکھیے۔ چیزوں کی فہرست بنائیے اور فہرست کو چیزوں سے ملایا کیجئے...... بڑی فرحت حاصل ہوگی۔

مشہور فلسفی شوپنہار سیر پر جاتے وقت اپنی چھڑی سے درختوں کو چھوا کرتا تھا۔ ایک روز اسے یاد آیا کہ پل کے پاس جو لمبا درخت ہے، اسے نہیں چھوا۔ وہ مردِ عاقل ایک میل واپس گیا اور جب تک درخت نہ چھو لیا، اسے سکونِ قلب حاصل نہ ہوا۔

شوپنہار کے نقشِ قدم پر چلیے۔ اس سے آپ کا مشاہدہ اس قدر تیز ہوگا کہ آپ اور سب حیران رہ جائیں گے۔

خوف سے مقابلہ

دل ہی دل میں خوف سے جنگ کرنا بے سود ہے۔ کیونکہ ڈرنے کی ٹریننگ ہمیں بچپن سے ملتی ہے اور شروع ہی سے ہمیں بھوت، چڑیل، باؤ اور دیگر چیزوں سے ڈرایا جاتا ہے۔ اگر آپ کو تاریکی سے ڈر لگتا ہے تو تاریکی میں جائیے ہی مت۔ اگر اندھیرا ہو جائے تو جلدی سے ڈر کر روشنی کی طرف چلے آیئے۔ آہستہ آہستہ آپ کو عادت پڑ جائے گی اور خوف کھانا پرانی عادت ہو جائے گی۔

تنہائی سے خوف آتا ہو تو لوگوں سے ملتے رہا کیجئے۔ لیکن ایک وقت میں صرف ایک چیز سے ڈریئے، ورنہ یہ معلوم نہ ہو سکے گا کہ اس وقت آپ دراصل کس چیز سے خوفزدہ ہیں۔

وقت کی پابندی

تجربہ یہی بتاتا ہے کہ اگر آپ وقت پر پہنچ جائیں تو ہمیشہ دوسروں کا انتظار کرنا پڑتا ہے۔ دوسرے اکثر دیر سے آتے ہیں۔ چنانچہ خود بھی ذرا دیر سے جایئے۔ اگر آپ وقت پر پہنچے تو دوسرے یہی سمجھیں گے کہ آپ کی گھڑی آگے ہے۔

وہم کا علاج

اگر آپ کو یونہی وہم سا ہوگیا ہے کہ آپ تندرست ہیں تو کسی طبیب سے ملیے۔ یہ وہم فوراً دور ہو جائے گا۔ لیکن اگر آپ کسی وہمی بیماری میں مبتلا ہیں تو ہر روز اپنے آپ سے کہیے میری صحت اچھی ہو رہی ہے...... میں تندرست ہو رہا ہوں

احساس کمتری ہو تو بار بار مندرجہ ذیل فقرے کہے جائیں

میں قابل ہوں۔ مجھ میں کوئی خامی نہیں۔ جو کچھ میں نے اپنے متعلق سنا، سب جھوٹ ہے۔ میں بہت بڑا آدمی ہوں۔ (یہ فقرے زور زور سے کہے جائیں تاکہ پڑوسی بھی سن لیں)

بے خوابی سے نجات

اگر نیند نہ آتی ہو تو سونے کی کوشش مت کیجئے۔ بلکہ بڑے انہماک سے فلاسفی کی کسی موٹی سی کتاب کا مطالعہ شروع کر دیجئے۔ فوراً نیند آ جائے گی۔ مجرب نسخہ ہے۔ ریاضی کی کتاب کا مطالعہ بھی مفید ہے۔

ہمیشہ جوان رہنے کا راز

اول تو یہ سوچنا ہی غلط ہے کہ جوان رہنا کوئی بہت بڑی خوبی ہے۔ اس عمر کے نقصانات فوائد سے کہیں زیادہ ہیں۔ ملاحظہ ہو وہ شعر

خیر سے موسم شباب کٹا
چلو اچھا ہوا عذاب کٹا

تاہم اگر آپ نے ہمیشہ جوان رہنے کا فیصلہ کر لیا ہے، تو بس خواہ مخواہ یقین کر لیجئے کہ آپ سدا جوان رہیں گے۔ آپ کے ہم عمر بیشک بوڑھے ہو جائیں، لیکن آپ پر کوئی اثر نہ ہوگا۔ جوانوں کی سی حرکتیں کیجئے۔ اصلی نوجوانوں میں اٹھیے بیٹھیے۔ اپنے ہم

عمر بوڑھوں پر پھبتیاں کسیے۔ خضاب کا استعمال جاری رکھیے اور حکیموں کے اشتہاروں کا بغور مطالعہ کیجئے۔

دلیر بننے کا طریقہ

دوسرے تیسرے روز چڑیا گھر جا کر شیر اور دیگر جانوروں سے آنکھیں ملایئے (لیکن پنجرے کے زیادہ قریب مت جایئے)۔ بندوق خرید کا انگیٹھی پر رکھ لیجئے اور لوگوں کو سنایئے کہ کس طرح آپ نے پچھلے مہینے ایک چیتا یا ریچھ (یا دونوں) مارے تھے۔ بار بار سنا کر آپ خود یقین کرنے لگیں گے کہ واقعی آپ نے کچھ مارا تھا۔

بیروزگاری سے بچئے

اگر آپ بیروزگار ہیں تو فوراً ایمپلائمنٹ ایکسچینج میں درخواست دے کر کسی کھاتے پیتے رشتہ دار کے ہاں انتظار کیجئے اور یہ یاد رکھیے کہ انتظار زندگی کا بہترین حصہ ہے۔

ایک خانگی مشورہ

اگر آپ بیوی ہیں اور آپ کا خاوند تھکا ماندہ دفتر سے آتا ہے۔ آپ مسکراہٹ سے اس کا استقبال کرتی ہیں اور اچھی اچھی باتیں سناتی ہیں تو شام کو وہ ضرور کہیں ادھر ادھر چلا جائے گا۔ لیکن اگر آتے ہی آپ اسے بے بھاؤ کی سنا دیں، بات بات پر لڑیں اور پریشان کن تذکرے چھیڑ دیں تو وہ منانے کی کوشش کرے گا اور شام گھر میں گزارے گا۔ اگر کہیں باہر گیا تو ساتھ لے جائے گا۔ (مگر یہ عمل بار بار نہ دہرایا جائے، ورنہ کہیں شوہر موصوف واپس گھر کا رخ ہی نہ کرے)۔

ایک کہانی

یا تو لوگ تقدیر کو کوستے ہیں یا تدبیر کو۔ یہ مسئلہ بہت نازک ہے۔ مشہور ہے کہ

پہاڑوں میں پارس پتھر ہوتا ہے۔ جو چیز اسے چھو جائے سونا بن جاتی ہے۔

ایک شخص نے چھ مہینے کی چھٹی بغیر تنخواہ کے لی اور قسمت آزمائی کرنے نیپال پہنچا۔ کرائے کے جانوروں کے پاؤں میں زنجیریں باندھیں کہ شاید کوئی زنجیر پارس پتھر سے چھو جائے۔ ہر وقت انہیں جنگلوں میں لیے لیے پھرتا۔ دن گزرتے گئے اور کچھ نہ بنا۔ آخر چھٹی ختم ہوئی۔ جانور اور زنجیریں لوٹا کر قسمت کو برا بھلا کہہ رہا تھا کہ جوتا اتارتے وقت معلوم ہوا کہ چند میخیں سونے کی بن چکی ہیں۔ سنار کے پاس گیا۔ اس نے میخیں تول کر قیمت بتائی ... یہ پورے چھ مہینے کی تنخواہ تھی۔

اس سے نتائج خود نکالیے لیکن تقدیر اور تدبیر پر لعنت ملامت نہ کیجئے اور قسمت آزمائی کے لیے پہاڑوں کی طرف مت جائیے۔

گفتگو کا آرٹ

جو کچھ کہنے کا ارادہ ہو ضرور کہیے۔ دورانِ گفتگو خاموش رہنے کی صرف ایک وجہ ہونی چاہیے، وہ یہ کہ آپ کے پاس کہنے کو کچھ نہیں ہے۔ ورنہ جتنی دیر جی چاہے باتیں کیجیے۔ اگر کسی اور نے بولنا شروع کر دیا، تو موقع ہاتھ سے نکل جائے گا اور کوئی دوسرا آپ کو بور کرنے لگے گا (بور وہ شخص ہے جو اس وقت بولتا چلا جائے، جب آپ بولنا چاہتے ہوں)۔

چنانچہ جب بولتے بولتے سانس لینے کے لیے رکیں تو ہاتھ کے اشارے سے واضح کر دیں کہ ابھی بات ختم نہیں ہوئی یا قطع کلامی معاف کہہ کر پھر سے شروع کر دیجئے۔ اگر کوئی دوسرا اپنی طویل گفتگو ختم نہیں کر رہا، تو بیشک جمائیاں لیجئے، کھانسیئے، بار بار گھڑی دیکھیے...... ''ابھی آیا'' ... کہہ کر باہر چلے جائیے یا وہیں سو جائیے۔

یہ بالکل غلط ہے کہ آپ لگاتار بول کر بحث نہیں جیت سکتے۔ اگر آپ ہار گئے تو مخالف کو آپ کی ذہانت پر شبہ ہو جائے گا۔ مجلسی تکلفات بہتر ہیں یا اپنی ذہانت پر شبہ

کرواتا؟

البتہ لڑائیے مت، کیونکہ اس سے بحث میں خلل آ سکتا ہے۔

کوئی غلطی سرزد ہو جائے تو اسے کبھی مت مانیے۔ لوگ ٹوکیں تو الٹے سیدھے دلائل بلند آواز میں پیش کر کے انہیں خاموش کرا دیجیے، ورنہ وہ خواہ نخواہ سر پر چڑھ جائیں گے۔ دورانِ گفتگو میں لفظ ''آپ'' کا استعمال دو یا تین مرتبہ سے زیادہ نہیں ہونا چاہیے۔ اصل چیز ''میں'' ہے۔ اگر آپ نے آپ اپنے متعلق نہ کہا، تو دوسرے اپنے متعلق کہنے لگیں گے۔

تعریفی جملوں کے استعمال سے پرہیز کیجیے۔ کبھی کسی کی تعریف مت کیجیے۔ ورنہ سننے والے کو شبہ ہو جائے گا کہ آپ اسے کسی کام کے لیے کہنا چاہتے ہیں۔ اگر کسی شخص سے کچھ پوچھنا مطلوب ہو، جسے وہ چھپا رہا ہو، تو بار بار اُس کی بات کاٹ کر اسے چڑا دیجیے۔ وکیل اسی طرح مقدمے جیتتے ہیں۔

دوسروں کو متاثر کرنا

اگر آپ ہر کسی سے اچھی طرح پیش آئے۔ ہاتھ دبا کر مصافحہ کیا۔ قریب بیٹھے اور گرمجوشی سے باتیں کیں، تو نتائج نہایت پریشان کن ہو سکتے ہیں۔ وہ خواہ مخواہ متاثر ہو جائے گا اور نہ صرف دوبارہ ملنا چاہے گا، بلکہ دوسروں سے تعارف کرا دے گا۔ یہ تیسروں سے ملائیں گے اور وہ اوروں سے۔ چنانچہ اتنے ملاقاتی اور واقف کار اکٹھے ہو جائیں گے کہ آپ چھپتے پھریں گے۔

ممکن ہے کہ لوگ متاثر ہو کر آپ کو بھی متاثر ہو کر آپ کو بھی متاثر کرنا چاہیں۔ وہ بلاضرورت بغل گیر ہوں گے۔ ہاتھ دبائیں گے اور قریب بیٹھنے کی کوشش کریں گے۔

لہٰذا کسی کو متاثر کرنے کی کوشش مت کیجیے۔ بالفرض اگر آپ کسی کو متاثر کر رہے ہوں، تو خیال رکھیے کہ آپ اور اس شخص کے درمیان کم از کم تین گز کا فاصلہ ہو، ورنہ وہ

متاثر ہوتے ہی آپ سے بغل گیر ہونے کی کوشش کریں گے۔ (ہو سکتا ہے کہ کہیں آپ بھی اس سے متاثر نہ ہو جائیں......زندگی پہلے ہی کافی پیچیدہ ہے)۔

کبھی مت کہیے کہ...... ''آپ سے مل کر بڑی خوشی ہوئی''۔ بلکہ اس سے پوچھیے کہ کہیں وہ تو آپ سے مل کر خوش نہیں ہو رہا۔ اگر یہ بات ہے تو خبردار رہیے۔

رشتہ داروں سے تعلقات

ڈور۔ کے رشتہ دار سب سے اچھے ہوتے ہیں۔ جتنے دور کے ہوں اتنا ہی بہتر ہے۔ مثل مشہور ہے کہ ڈور کے رشتے دار سہانے۔

تربیت اطفال

بچوں سے کبھی کبھی نرمی سے بھی پیش آیئے۔

بچے سوال پوچھیں تو جواب دیجئے مگر اس انداز میں کہ دوبارہ سوال نہ کر سکیں۔ اگر زیادہ تنگ کریں تو کہہ دیجئے جب بڑے ہو گے سب پتا چل جائے گا۔ بچوں کو بھوتوں سے ڈراتے رہیے۔ شاید وہ بزرگوں کا ادب کرنے لگیں۔ بچوں کو دلچسپ کتابیں مت پڑھنے دیجئے، کیونکہ کورس کی کتابیں کافی ہیں۔

اگر بچے بے وقوف ہیں تو پروانہ کیجئے۔ بڑے ہو کر یا تو جینئس بنیں گے یا اپنے آپ کو جینئس سمجھنے لگیں گے۔ بچے کو سب کے سامنے مت ڈانٹئے۔ اس کے تحت الشعور پر برا اثر پڑے گا۔ ایک طرف لے جا کر تنہائی میں اس کی خوب تواضع کیجئے۔

بچوں کو پالتے وقت احتیاط کیجئے کہ وہ ضرورت سے زیادہ نہ پل جائیں، ورنہ وہ بہت موٹے ہو جائیں گے اور والدین اور پبلک کے لیے خطرے کا باعث ہوں گے۔

اگر بچے ضد کرتے ہیں تو آپ بھی ضد کرنا شروع کر دیجئے۔ وہ شرمندہ ہو جائیں گے۔

ماہرین کا اصرار ہے کہ موزوں تربیت کے لیے بچوں کا تجزیۂ نفسی کرانا ضروری

ہے۔ لیکن اس سے پہلے والدین اور ماہرین کا تجزیۂ نفسی کرالینا زیادہ مناسب ہوگا۔ دیکھا گیا ہے کہ کنبے میں صرف دو تین بچے ہوں تو وہ لاڈلے بنا دیئے جاتے ہیں۔ لہٰذا بچے ہمیشہ دس بارہ ہونے چاہئیں، تاکہ ایک بھی لاڈلا نہ بن سکے۔

اسی طرح آخری بچہ سب سے چھوٹا ہونے کی وجہ سے بگاڑ دیا جاتا ہے، چنانچہ آخری بچہ نہیں ہونا چاہیے۔

مردوں کے لیے دبلا ہونے کا طریقہ

ملاحظہ ہو ''عظمت کا راز''......

خواتین کے لیے دبلا ہونے کی ترکیب

آج سے مندرجہ ذیل پرہیزی غذا شروع کر دیجئے......

ناشتے پر......ایک ابلا ہوا انڈہ۔ بغیر دودھ اور شکر کے چاء

دوپہر کو......اُبلی ہوئی سبزی، بغیر شوربے کا تھوڑا سا گوشت، ایک چپاتی

سہ پہر کو...... ایک بسکٹ۔ بغیر دودھ اور شکر کی چاء

رات کو.... ابلا ہوا گوشت، سبزی، ڈیڑھ چپاتی، پھل، بغیر دودھ اور شکر کی کافی

(اس پرہیزی غذا کے علاوہ ساتھ ساتھ باورچی خانے میں نمک چکھنے کے سلسلے میں پلاؤ، مرغن سالن اور پراٹھے۔ میٹھا چکھتے وقت حلوہ، کھیر اور فرنی۔ ''یہ بلی تو نہیں تھی؟'' کے بہانے بالائی، دودھ اور مکھن۔ ''دکھا تو سہی تو کیا کھا رہا ہے'' کے بہانے بچوں کے چاکلیٹ اور مٹھائیاں)

بعض اوقات اس پرہیزی غذا کا اثر نہیں ہوتا۔ تعجب ہے؟

مردوں کے لیے موٹا ہونے کا نسخہ

بھینس رکھنا۔ دفتر کی ملازمت۔ دوپہر کے کھانے کے بعد ڈھیر کی لسی اور قیلولہ۔

ہ۔ارے کھیل چھوڑ کر صرف شطرنج اور تاش......اور اگر آؤٹ ڈور گیم ہی کھلنا ہو تو بیڈ منٹن کھیلئے، بس۔

خواتین کے موٹا ہونے کی ترکیب

کسی خاص ترکیب کی ضرورت نہیں۔اس سلسلے میں کچھ کہنا سورج کو چراغ دکھانا ہے۔

تسخیرِ حُب

تعجب ہے کہ ایسے اہم موضوع پر اس قدر کم لکھا گیا ہے۔مصیبت یہ ہے کہ ماہرین تسخیرِ حب سب کچھ صیغۂ راز میں رکھتے ہیں۔بس کبھی کبھی اس قسم کے اشتہار چھپتے ہیں......

''محبت کے ماروں کو مژدہ''

''محبوب ایک ہفتے کے اندر اندر قدموں میں نہ لوٹنے لگے تو دام واپس!''

اس کے علاوہ امتحان میں کامیابی، اولاد کی طرف سے خوشی، خطرناک بیماریوں سے شفا، مقدمہ جیتنا، تلاشِ معاش، افسر کو خوش کرنے کے وعدے بھی ہوتے ہیں۔ اشتہار میں ایک مونچھوں والے (یا داڑھی والے) چہرے کی تصویر، کئی سندیں اور سرٹیفکیٹ بھی ہوتے ہیں، لیکن اس سلسلے میں نہ کتابوں میں کچھ موجود ہے، نہ رسائل میں۔اُدھر ہمارے ملک میں تسخیرِ حُب کی قدم قدم پر ضرورت محسوس ہوتی ہے۔ ہر شخص اس چشمۂ حیواں کی تلاش میں ہے۔اگرچہ مصنف کی معلومات اس موضوع پر نہ ہونے کے برابر ہیں۔تاہم اس نے دوسروں کے تجربوں سے چند مفید باتیں اخذ کی ہیں۔

سب سے پہلے یہ وضاحت ضروری ہے کہ چاہنے والا مرد یا عورت۔اور ادھر محبوب کا تعلق کس جنس سے ہے؟ لہٰذا سہولت کے لئے ان ہدایات کو تین حصوں میں تقسیم کیا گیا ہے۔یعنی

ا۔ اگر محبوب عورت ہے۔
۲۔ اگر محبوب مرد ہو (اور صنفِ نازک کے کسی فرد کو اس میں دلچسپی ہو)
۳۔ اگر محبوب شادی شدہ ہو (اور فریفتہ ہونے والا مرد ہو یا عورت)

ا۔ اگر محبوب عورت ہو

محبوب چنتے وقت یہ احتیاط لازم ہے کہ رشتہ داروں پر ہرگز عاشق نہ ہوں۔ اس کے بعد ارد گرد اور پڑوس میں رہنے والوں سے بھی حتی الوسع احتراز کریں۔ (یہ تجرباتی فارمولے ہیں اور طالبِ حُب کو وجہ پوچھے بغیر ان پر اندھا دھند عمل کرنا چاہیے)۔

محبوب سے ملاقات کے لیے جاتے وقت پوشاک سادہ ہونی چاہیے (رومال پر خوشبو نہ چھڑکیے۔ کہیں محبوب یا آپ کو زکام نہ ہو جائے)۔ خوراک سادہ ہو (پیاز اور لہسن کے استعمال سے پرہیز کیجئے)۔ مونچھوں کو ہرگز تاؤ نہ دیجئے ورنہ محبوب خوفزدہ ہو جائے گا۔ ویسے بھی فی زمانہ بنی سنوری مونچھوں کا اثر طبع نازک پر کوئی خاص اچھا نہیں پڑتا (اس کا فرمائشی مونچھوں پر اطلاق نہیں ہوتا)۔ اگر محبوب کو آپ سے کوئی خاص دلچسپی نہیں تو استقبال یوں ہوگا ''تشریف آوری کا شکریہ۔ بڑی تکلیف کی آپ نے۔ بھائی جان بس آتے ہی ہوں گے، آپ بیٹھیے۔ میں دادا جان کو ابھی بھیجتی ہوں''۔ لیکن اگر محبوب کو واقعی محبت ہے تو وہ بھاگا بھاگا آئے گا اور آپ کے دونوں ہاتھ پکڑ کر کہے گا...... بلو جی!''۔ (یا اسی قسم کا کوئی اور مہملہ جملہ استعمال کرے گا)

محبوب کو یکسانیت سے بور مت کیجیے۔ ہر اتوار کو ملتے ہوں تو دوسری تیسری مرتبہ منگل کو ملنے جائیے۔ اگلی مرتبہ جمعے کو۔ بلکہ ایک ٹائم ٹیبل بنا لیجیے۔

ماہرین کا خیال ہے کہ عورتوں کو سنجیدہ مرد اس لیے پسند آتے ہیں کہ انہیں یونہی وہم سا ہو جاتا ہے کہ ایسے حضرات ان کی باتیں غور سے سنتے ہیں۔ لہٰذا تسخیر حُب کرتے وقت 'گفتگو کا فن' میں جو کچھ لکھا ہے، اسے محبوب کے لیے نظر انداز کر دیجیے۔

نہ صرف محبوب کی باتیں خاموشی سے سنتے رہیے۔ بلکہ اسے یقین دلا دیجئے کہ دنیا میں فقط آپ ہی ایسے شخص ہیں، جس کے لیے محبوب کی ہر الٹی سیدھی بات ایک مستقل وجہ مسرت ہے۔

محبوب سے زیادہ بحث مت کیجئے۔ اگر کوئی بحث چھڑ جائے تو جیتنے کا بہترین نسخہ یہ ہے کہ محبوب کی رائے سے متفق ہو جایئے اور ذرا جلدی کیجئے، کہیں محبوب دوبارہ اپنی رائے نہ بدل لے۔

اگر محبوب آپ کی ہر بات پر مسکرا دے اور لگاتار ہنستا رہے، تو اس کا مطلب یہ بھی ہوسکتا ہے کہ اسے اپنے نفیس دانتوں کی نمائش مقصود ہے (ایسے موقع پر محبوب سے پوچھیے کہ اُن دنوں کون سی ٹوتھ پیسٹ استعمال ہو رہی ہے)۔

اگر محبوب اپنی تعریفیں سن کر ناک بھوں چڑھائے اور ''ہٹیے بھی'' وغیرہ کہے تو سمجھ لیجئے کہ اسے مزید تعریف چاہیے۔

محبوب کے میک اپ پر بھول کر بھی نکتہ چینی نہ کیجئے۔ شاید چہرہ اس لیے سرخ کیا گیا ہو کہ یہ پتا نہ چل سکے کب BLUSH کیا (فقط اس صورت میں اعتراض کیجئے جبکہ محبوب کا رنگ خدانخواستہ مشکی ہو۔ اگر چہ گرم خطوں میں ایسے محبوب افراط سے پائے جاتے ہیں)۔

ویسے ہر قسم کی تنقید سے پرہیز کیجئے۔ جو لوگ زیادہ نکتہ چینی کرتے ہیں، ان سے محبوب کی بیزاری بڑھتی جاتی ہے اور تھوڑے دنوں کے بعد محبت میں ان کی حیثیت وہی ہو جاتی ہے جو ٹینس میں Marker کی۔

دو باتوں سے محبوب کو مسرت حاصل ہوتی ہے۔ ایک تو یہ کہ کوئی اس سے کہہ دے کہ اس کی شکل کسی ایکٹریس سے ملتی ہے۔ دوسرے یہ کہ اس کی جو رقیب ہے وہ تو یونہی انٹلکچوئل سی ہے۔

محبوب کی بہن (اگر بہن کی عمر پندرہ اور پینتالیس کے درمیان ہو) کے سامنے محبوب کی کبھی تعریفیں مت کیجئے، ورنہ نتائج بڑے حیرت انگیز نکلیں گے اور اگر محبوب کے عیب معلوم کرنے ہوں تو اس کی سہیلیوں کے سامنے سے اچھا کہہ کر خدا کی قدرت کا تماشا دیکھئے۔ کبھی چھپ کر محبوب کو کسی سے لڑتے ہوئے ضرور دیکھئے۔ یا محبوب کو کسی سے لڑا دیجئے۔ بہت سے لرزہ خیز حقائق کا انکشاف ہوگا۔

اگر محبوب کئی مرتبہ یہ جتائے کہ آپ بالکل نوعمر سے لڑکے نظر آرہے ہیں، تو اس کا مطلب یہ ہے کہ آپ بوڑھے ہوتے جا رہے ہیں۔

یاد رکھئے کہ محبوب کی نگاہوں میں ایک چالیس پینتالیس برس کا نوجوان ایک پچیس تیس سالہ بوڑھے سے کہیں بہتر ہے (اور ایسے نوعمر بوڑھے ان دنوں کافی تعداد میں ہر جگہ ملتے ہیں)۔

محبوب کی سالگرہ یاد رکھئے لیکن اس کی عمر بھول جائیے۔

بعض اوقات کو آپ کے احسانات یاد نہیں رہتے۔ لیکن وہ فرمائشیں کبھی نہیں بھولتیں، جنہیں آپ پورا نہ کر سکے۔

اوائل محبت میں محبوب سے یہ پوچھنا کہ کیا اسے آپ سے محبت ہے؟ ایسا ہی ہے جیسے کسی ناول کا آخری باب پہلے پڑھ لینا۔

تنگدستی محبت کی دشمن ہے۔ ایک قیمتی تحفہ منٹوں میں وہ کچھ کر سکتا ہے، جو شاعر مہینوں برسوں میں نہیں کر سکتے۔

اگر محبوب کسی اور پر عاشق ہے تو آپ کی سب کوششیں رائیگاں جائیں گی۔ ایسی حالت میں برابر برابر چھڑوا دینے والے مقولے پر عمل کیجئے اور ریٹائرڈ ہو جانا بہتر ہوگا اور اگر محبوب کسی اور کی جانب ملتفت بھی نہیں، لیکن آپ کے سب حربے بیکار نظر آنے لگیں، تو یہ نہ سمجھئے کہ محبوب سنگدل یا ناقابلِ تسخیر ہے ... وہ فقط تجربہ کار ہے۔ احتیاطاً یہ

ضرور معلوم کر لیجئے کہ نبوب نے اپنے سابقہ چاہنے والوں سے کیا سلوک کیا تھا۔ وہی سلوک دہرایا بھی جا سکتا ہے اور غالباً دوہرایا جائے گا۔

یہ ہمیشہ یاد رکھیے کہ جیسے جیسے محبوب کی عمر بڑھتی جائے گی، وہ بالکل اپنی امی کی طرح ہوتی چلی جائے گی۔

۲۔ اگر محبوب مرد ہو

محبوب میں سب سے پہلی چیز یہ نوٹ کیجئے کہ آیا وہ آپ کو نوٹ کر رہا ہے یا نہیں۔

محبوب سے نہ کبھی مذہب پر بحث کیجئے، نہ روس پر۔ بلکہ اس سے یہ بھی مت پوچھئے کہ وہ کماتا کیا ہے؟

محبوب کے سامنے کبھی کسی عورت کی برائی مت کیجئے۔ اس سے وہ بے حد متاثر ہوگا۔

محبوب سے یہ ہرگز مت پوچھئے کہ اس نے مصنوعی دانت کب لگوائے تھے۔

یہ یاد رکھیے کہ ایک حسین عورت کی سب عورتیں دشمن ہیں اور ان کا سمجھوتہ نہیں ہو سکتا، لہٰذا محتاط رہیے۔

محبوب کی تعریف کرتے وقت وضاحت سے کام لیجئے۔ یہ نہیں کہ آپ خوب ہیں۔ وجیہ ہیں۔ لاکھوں میں ایک ہیں۔ بلکہ یہ کہ آپ کا ماتھا کشادہ ہے۔ بال گھنگھریالے ہیں۔ شانے ماشاءاللہ مردوں جیسے چوڑے ہیں۔

جو مرد اپنی مونچھوں کی دیکھ بھال کرتے ہیں، وہ خود پسند ہوتے ہیں۔ لیکن جو شیو کرتے ہیں، وہ بھی کم خود پسند نہیں ہوتے۔

اگر محبوب کلب سے پی کر آیا ہو، تو کبھی مت جتلائیے۔ صرف یہ کہہ کر منہ بنا لیجئے کہ آج پھر آپ نے Ginger پی ہے۔ اس سے وہ اس قدر خوش ہوگا کہ بیان سے

شوخیٔ تحریر (حصہ دوم) 51 مرتب : تنویر حسین

باہر ہے۔

محبوب کے ساتھ کہیں بھاگ جانے کے خیال کو کبھی دل میں نہ لایئے، کسی کے ساتھ بھاگنا بے حد فضول حرکت ہے۔

اگر محبوب گنجا ہو تو نہ اس کی بلند پیشانی کا ذکر کیجئے، نہ اس کے سر کی طرف دیکھئے۔

مرد اپنی محبت کا واسطہ دے کر محبوب کی پرانی محبتوں کے متعلق پوچھا کرتے ہیں۔انہیں کچھ نہ بتایئے، ورنہ پچھتانا پڑے گا۔

آپ کی باتیں خواہ کتنی ہی بے جا کیوں نہ ہوں، جب تک آپ کی آنکھوں میں آنسو نہیں آتے۔ لہٰذا پیشتر اس کے کہ محبوب کو پتا چل سکے کہ کیا ہو رہا ہے۔آپ رونا شروع کر دیجیے۔ اپنی رقیبوں سے ہر دم خبردار رہیے۔ محبوب جن عورتوں کے متعلق باتیں کرتا رہے، ان کی پروا نہ کیجئے۔لیکن جب وہ کسی عورت کے ذکر سے جان بوجھ کر گریز کرے، تو سمجھ جایئے کہ دال میں کالا ہے۔

یہ تو ناممکن ہے کہ آپ اپنے دل کا راز کسی اور کو نہیں بتائیں گی۔ لیکن بتاتے وقت یہ کبھی مت کہیے ''تمہیں قسم ہے جو کسی اور سے کہا تو۔'' اس سے سننے والی کو فوراً شبہ ہوگا اور وہ اسی وقت سب سے کہہ دے گی۔

محبوب آپ کی تازہ ترین تصویریں مانگے گا۔ رسماً اخلاقاً یا محبت سے۔لیکن جب وہ آپ کی بچپن کی تصویر مانگے تو سمجھ لیجئے کہ وہ بہت دور کی سوچ رہا ہے اور سب کچھ ہو کر رہے گا۔

شروع شروع میں محبوب کو آپ کے چچے، ماموں اور بھائی وغیرہ اچھے نہ لگتے ہوں تو کچھ دیر انتظار کیجئے۔ آہستہ آہستہ وہ خود سیدھا ہو جائے گا۔

عقلمند محبوب کو قابو میں رکھنا زیادہ مشکل نہیں۔ لیکن اگر محبوب بے وقوف ہو تو

ذہین سے ذہین عورت کے لیے بھی اسے سنبھالنا محال ہوگا۔

۳۔ اگر محبوب شادی شدہ ہو

(یہ موضوع بے حد ضروری ہے، کیونکہ آج کل شادی شدہ محبوب سے عشق کرنا نہ صرف عام ہوگیا ہے، بلکہ فیشن میں شامل ہے۔ روز بروز اس کی اہمیت ہر خاص و عام پر واضح ہوتی جارہی ہے)۔

چونکہ شادی شدہ محبوب مقابلتاً تجربہ کار ہوتا ہے، اس لیے بڑے احتیاط کی ضرورت ہے۔ ان ہدایات پر بڑی سنجیدگی سے عمل کرنا چاہیے۔ لیکن اگر شبہ ہو جائے کہ کسی ہدایت کو محبوب پہلے سے جانتا ہے تو اسے وہیں ترک کر دیجئے (ہدایت کو) اور دوسری پر عمل شروع کر دیجیے (ہدایت پر)۔

شادی شدہ محبوب کو مسخر کرنے کیلئے سب سے اہم چیز نہ حسن ہے، نہ قابلیت ...... بلکہ پروپیگنڈا ہے۔ لہٰذا تھوڑے عرصے کے بعد اپنے متعلق کوئی خبر اڑا دیجئے ...... کہ آپ کا ارادہ ولایت جانے کا ہے۔ کبھی کلاسیکل ڈانس سیکھنے کے منصوبے باندھیے تو کبھی اردو میں ایم اے کرنے کی خبر مشہور کر دیجیے۔

پہلے محبوب منتخب کیجئے، پھر اسے چند فالتو خواتین و حضرات کے ساتھ مدعو کیجیے...... پکنک...... ادبی محفل...... ناچ...... یا کسی اور بہانے سے۔ بعد میں آہستہ آہستہ دوسرے لوگوں کو نکالتے جایئے۔ حتیٰ کہ صرف آپ اور محبوب باقی رہ جائیں۔ (اس طرح محبوب کو شبہ نہیں ہوگا۔ شبہ ہوا بھی تو دیر میں ہوگا)۔

بہتر تو یہ ہوگا کہ ایک وقت میں کئی جگہ کوشش کیجیے۔ اگر کامیابی دس فیصدی بھی ہوئی تب بھی Average تاتسلی بخش نہیں۔

کچھ ایسا انتظام کیجیے کہ محبوب ہر وقت آپ کے متعلق قیاس آرائیاں کرتا رہے۔ مثلاً کھوئی کھوئی نگاہوں سے خلا میں تکا کیجیے۔ ذرا ذرا سی دیر کے بعد ٹھنڈے سانس

لیجیے۔ وہ بار بار پوچھے گا...... کیا بات ہے؟ کیا ہوا؟ کچھ مجھے بھی تو بتاؤ؟

گفتگو میں اپنے یا محبوب کے شریکِ حیات کا ذکر بالکل نہ آنے دیجیے۔ یوں ظاہر کیجئے، جیسے اس دنیا میں نہ آپ کا کوئی ہے، نہ اس کا۔

اگر محبوب بے رُخی برتتا ہو تو اس کا خوب تعاقب کیجئے...... بار بار فون کیجیے...... ملنے جایئے...... سندیسے بھیجئے...... خط لکھیے...... کسی دن اتنا وہ تنگ آئے گا کہ آپ پر عاشق ہو جائے گا۔ الماریوں میں چند اوٹ پٹانگ ضخیم کتابیں، دیواروں پر ماڈرن آرٹ کی بے تکی تصویریں اور کمرے میں ستار یا وائلن ضرور رکھیے۔ خواہ آپ کو ان سے ذرا بھی دلچسپی نہ ہو۔ محبوب یہ سمجھے گا کہ آپ کی طبیعت فنکارانہ ہے۔

تقریبوں اور پارٹیوں میں ذرا دیر سے جایئے، تاکہ لوگ پوچھیں کہ یہ کون ہے؟ بیٹھنے کے لیے ایسی جگہ چنیے جہاں مناسب روشنی اور موزوں لوگ ہوں۔

اگر شریکِ حیات ساتھ ہو تو سب کے سامنے اسے کبھی ڈارلنگ مت کہیے، بلکہ پبلک میں اس کا نوٹس ہی نہ لیجئے۔

اپنے بچے کو کبھی ساتھ مت لے جایئے۔ ایک بچے کی موجودگی سارے حسن و جمال کو ختم کر دینے کے لئے کافی ہے۔ محبوب کے بچوں کو بھی لفٹ نہ دیجیے۔

ذرا سے جھوٹ سے عجیب دلکشی پیدا ہو جاتی ہے۔ یاد رکھیے کہ بچپن میں جھوٹ بولنا گناہ سمجھا جاتا ہے۔ شادی سے پہلے اسے ایک خوبی تصور کیا جاتا ہے۔ محبت میں اسے آرٹ کا درجہ حاصل ہے اور شادی کے بعد جھوٹ کی پختہ عادت پڑ جاتی ہے۔

عینک کبھی مت لگایئے، خواہ دو تین فٹ سامنے کچھ بھی نہ دکھائی دیتا ہو۔ مگر ذرا سنبھل سنبھل کر چلیے، راستے میں گڑھے بھی ہوتے ہیں۔

دعوتوں پر یا تو کھانا کھا کر جایئے یا واپس آ کر کھایئے۔ کم خوراک ہونا انٹیلکچوئل پنے کی نشانی سمجھی جاتی ہے۔ افواہوں میں خاص دلچسپی لیجیے۔ اگر محبوب کو سنانے کے

لیے نئی نئی افواہیں آپ کے پاس ہوئیں، تو وہ باقاعدگی سے سننے آئے گا۔

اگر لوگ آپ کے یا محبوب کے متعلق بُرا بھلا کہتے ہیں، تو ذرا خیال نہ کیجیے۔ اکثر دیکھا گیا ہے کہ جن لوگوں میں برائیاں نہیں ہوتیں، ان میں خوبیاں بھی بہت کم ہوتی ہیں۔ تبھی سارے دلچسپ لوگ بگڑے ہوئے ہوتے ہیں۔

محبت ختم کرتے وقت ہرگز مت لڑیئے، خدا جانے کل کلاں کہیں سابق محبوب ہی سے واسطہ نہ پڑ جائے۔

آخر میں مصنف سفارش کرے گا کہ کبھی کبھی اپنے رفیقِ حیات سے بھی تھوڑی سی محبت کر لیا کیجئے۔ اس کا بھی تو آپ پر حق ہے۔ جیسا کہ ایک مشہور مفکر نے کہا ہے کہ اپنے رفیقِ حیات سے محبت کرنا محبت نہ کرنے سے ہزار درجے بہتر ہے۔

چند جنرل ہدایات

محبوب سے تبھی ملیے جب اس کی صحت اچھی ہو (اور آپ کی بھی)۔ دانت یا سر کے ذرا سے درد سے دنیا اندھیر معلوم ہونے لگتی ہے۔

سب جانتے ہیں کہ حسین اتنے خطرناک نہیں ہوتے، جتنے سادہ شکل والے۔ آخر الذکر چھپے رستم ہوتے ہیں۔ یہ ہمدردی جتاتے ہیں۔ سمجھنے کی کوشش کرتے ہیں۔ احسانوں سے زیرِ بار کر دیتے ہیں۔ نشانہ درست کر کے پھر وار کرتے ہیں۔ لیکن حسین اپنے آپ ہی مگن رہتے ہیں۔ انہیں آئینہ دیکھنے اور کپڑے سلوانے سے ہی فرصت نہیں ملتی۔

یہ بھی دیکھا گیا ہے کہ ذہین انسان بڑی مشکلوں سے عاشق ہوتے ہیں۔ ان کے خیال میں محبت تخیل کی فتح ہے...... ذہانت پر۔

غالباً محبوب ایک دوسرے سے اس لیے بور نہیں ہوتے کہ وہ ہر وقت ایک دوسرے کے متعلق باتیں کرتے رہتے ہیں۔

(محبت کی شادی کے ذکر سے قصداً گریز کیا گیا ہے کیونکہ یہ جدا موضوع ہے۔ لیکن علماء کا قول ہے کہ جہاں محبت اندھی ہے، وہاں شادی ماہرِ امراضِ چشم ہے)

....

نوٹ: اگر اس مضمون سے ایک کا بھی بھلا ہوگا تو مصنف سمجھے گا کہ اس کی ساری محنت بالکل رائیگاں گئی۔

ابنِ انشاء

کسٹم کا مشاعرہ

کراچی میں کسٹم والوں کا مشاعرہ ہوا تو شاعر لوگ آؤ بھگت کے عادی دندناتے پان کھاتے، مونچھو پر تاؤ دیتے زلفِ جاناں کی بلائیں لیتے غزلوں کے بقچے بغل میں مار کر پہنچ گئے۔ ان میں سے اکثر کلاتھ ملوں کے مشاعروں کے عادی تھے۔ جہاں آپ تھان بھر کی غزل بھی پڑھ دیں اور اس کے گز گز پر مکرر مکرر کی مہر لگا دیں تب بھی کوئی نہیں روکتا۔ پھر تانا بانا کمزور بھی ہو تو ذرا سا ترنم کا کلف لگانے سے عیب چھپ جاتا ہے۔ لیکن کسٹم والوں کے قاعدے قانون بڑے کڑے ہوتے ہیں۔ منتظمین نے طے کر دیا تھا کہ ہر شاعر زیادہ سے زیادہ ایک غزل وہ بھی لمبی بحر کی نہیں، درمیانہ بحر کی بلا کسٹم محصول پڑھ سکے گا، جس کا حجم پانچ سات شعر سے زیادہ نہ ہو۔ بیچ یہ آن پڑا کہ مصرع ایک نہیں پانچ دیئے گئے تھے۔ ایک صاحب نے نیفے میں ایک لمبی سی مثنوی اڑس رکھی تھی۔ ایک اپنے موزوں میں رباعیاں چھپا کر لے جا رہے تھے۔ لیکن کسٹم کے پریونیٹو افسروں کی تیز نظروں سے کہاں بچ سکتے تھے۔ ان فرض شناسوں نے سب کو آنکا اور سب کے گریبانوں میں جھانکا۔ استاد ہمدم ڈبائیوی پر بھی انہیں شک ہوا۔ استاد نے ہر چند کہا کہ میرے پاس کچھ بھی نہیں ہے۔ یہی پانچ سات شعر ہیں لیکن کسٹم والوں نے ان کے کرتے کی لانبی آستیں میں سے ان کے تازہ ترین دیوان 'مارِ آستین' کا ایک نسخہ برآمد کر ہی لیا۔ اتنی احتیاطوں کے باوجود سنا ہے۔ بہت سے لوگ اپنا کلام ناجائز طور پر

حافظے میں رکھ کر اندر گھس گئے اور موقع پا کر بلیک میں داد کھری کی۔ یعنی بلا سامعین کی رمائش کے اسے دوبارہ سہ بارہ پڑھا۔

ہمارے کرم فرما ملک الشعراء گھڑیال فیروز آبادی نے ہمیں فون کیا تم بھی آٹھوں گانٹھ شاعر ہو۔ موقع اچھا ہے۔ ایک غزل کہ لو۔ گھڑیال صاحب نغز گو شاعر اور گھڑیوں کے تاجر ہیں۔ فیروز آبادی اس نسبت سے کہلاتے ہیں کہ فیروز آباد تھانے کی حوالات میں کچھ روز رہ چکے ہیں۔ ہم نے عذر کیا کہ ہمارے پاس شعر کہنے کے لئے کسٹم والوں کا پرمٹ یا مشاعرے کا دعوت نامہ نہیں لہٰذا مجبوری ہے۔ بولے: اس کی فکر نہ کرو میں تمہیں کسی طور اسمگل کر دوں گا۔ ہم نے کہا۔ ہم کوئی گھڑی تھوڑا ہی ہیں۔ منغض ہو کر بولے: یہ کیا ٹک ٹک لگا رکھی ہے۔ غزل لکھو۔

ہم نے اپنے کو شاعری کی چابی سے کوکتے ہوئے پوچھا۔ مصرع طرح کیا ہے؟

فرمایا: ایک نہیں پانچ ہیں۔ ایک تو یہی ہے:

؎ کون جیتا ہے تری زلف کے سر ہونے تک

ہم نے کہا: اس کا قافیہ ذرا ٹیڑھا ہے۔ ہونے تک، کونے تک، بونے تک کیا زرعی مضامین باندھنے ہیں اس میں؟

گھڑیال صاحب نے وضاحت کی کہ نہیں، اس کے قوافی ہیں سَر، خَر، شَر وغیرہ ہمیں اس مصرعے سے کچھ شر کی بو آئی۔ لہٰذا ہم نے کہا کوئی دوسرا مصرع بتائیے۔ یہ نظیر اکبر آبادی کا تھا۔

؎ طور سے آئے تھے ساقی سن کے میخانے کو ہم

یہ بھی ہمیں نہ جچا۔ ہم نے کہا۔ اگر اس کے قافیے ہیں: سُن کے، دُھن کے۔ بُن کے وغیرہ تو اس سے ہمیں معاف رکھئے۔

اس پر گھڑیال صاحب نے ہمیں تیسرا مصرع دیا۔

ہائے کیا ہو گیا زمانے کو

یہ کس کا مصرع ہے؟ ہم نے دریافت کیا

جواب ملا: مہمل دہلوی کا

''مہمل دہلوی؟'' یہ کون صاحب تھے؟'' ہم نے حیران ہو کر پوچھا۔ پتہ چلا کہ سننے میں ہم سے غلطی ہوئی۔ گھڑیال صاحب نے مومن دہلوی کہا تھا۔ چوتھا اور پانچواں مصرع طرح بھی ہماری طبع رواں کو پسند نہ آئے۔ پھر ہماری صلح کل طبیعت کو یہ گوارا نہ ہوا کہ ایک مصرع لیں اور باقیوں کو چھوڑ دیں۔ بڑی ترکیب سے ایک غزل تیار کی جو بیک وقت ان پانچوں بحروں اور پانچوں زمینوں میں تھی۔ یوں کہ ایک مصرع ایک بحر میں دوسرا دوسری میں۔ ہمارا خیال تھا اس سے بھی خوش ہوں گے۔ لیکن کوئی بھی نہ ہوا۔ جانے مس بلبل کیسے نبھا لیتی ہیں اور اس شاعر کا کیا تجربہ ہے جس نے اقبال کے کلام میں قلم لگا کر یہ شاہکار تخلیق کیا ہے۔

غلامی میں نہ کام آتی ہیں تقدیریں نہ تدبیریں
جو ہو ذوقِ یقین پیدا تو کٹ جاتی ہیں زنجیریں

اہا جی۔ زنجیریں۔ زنجیریں۔ زنجیریں

لئے آنکھوں میں سرور کیسے بیٹھے ہیں حضور
جیسے جانتے نہیں پہچانتے نہیں

بعض محکمے شاعری سے زیادہ مناسبت رکھتے ہیں، بعض کم، ایکسائز یعنی آبکاری کی فضا شاعری کے لئے زیادہ موزوں معلوم نہیں ہوتی ہمارے دوست میاں مولا بخش ساقی نکودری پہلے اسی محکمے میں تھے۔ ایک روز کہیں ان کا ساقی نامہ کسی رسالے میں چھپا ہوا ان کے ڈائریکٹر صاحب نے دیکھ لیا فوراً بلایا اور جواب طلب کیا کہ آپ سارے محکمہ کے کام پر پانی پھیر رہے ہیں۔ حکومت اتنا روپیہ ناجائز شراب کی روک

تھام پر خرچ کرتی ہے اور آپ کھلم کھلا لکھتے ہیں۔

خدارا ساقیا مجھے

شرابِ خانہ ساز دے

یا نوکری چھوڑ یئے یا شاعری چھوڑ یئے۔ شاعری تو ۔ چھٹتی نہیں ہے منہ سے یہ کافی لگی ہوئی۔ نوکری چھوڑ کر جوتوں کی دوکان کر لی۔

کسٹم والوں کے مصرع ہائے طرح برے نہیں لیکن ہماری سفارش ہے کہ آئندہ کوئی محکمہ مشاعرہ کرائے تو مصرع طرح کے اپنے کام کی مناسبت سے رکھے۔ مثلاً کسٹم کے مشاعرے کے لیے یہ مصرع زیادہ موزوں رہے گا۔

۔ دادرِ حشر مرا نامۂ اعمال نہ دیکھ

۔ حج کا ثواب نذر کروں گا حضور کی

۔ جتنے عرصے میں مرا لپٹا ہوا بستر کھلا۔ دغیرہ

اگلے ہفتے گوردھن داس کلاتھ مارکیٹ میں کپڑے والوں کی طرف سے جو مشاعرہ ہو رہا ہے اس کے لئے ہم یہ مصرعے تجویز کریں گے۔

۔ ہائے اس چار گرہ، کپڑے کی قسمت غالبؔ

۔ یا اپنا گریباں چاک، یا دامنِ یزداں چاک

۔ اندر کفن کے سر ہے تو باہر کفن کے پاؤں

دھوبی، ڈرائی کلینز، ٹیلر ماسٹر حضرات مشاعرہ کرائیں تو ان کے حسب مطلب بھی اساتذہ بہت کچھ کہہ گئے ہیں۔ منجملہ

۔ دھوئے گئے ہم اتنے کہ بس پاک ہو گئے

۔ دامن نچوڑ دیں تو فرشتے وضو کریں

۔ تیرے دل میں تو بہت کام رفو کا نکلا

؎ دامن کو ذرا دیکھ، ذرا بندِ قبا دیکھ

موٹر ڈرائیور حضرات تو اپنے بس یا ٹرک کی باڈی پر لکھا ہوا کوئی مصرع بھی چن سکتے ہیں۔ جیسے ؎ سامان سو برس کے ہیں کل کی خبر نہیں۔ ورنہ یہ بھی ہو سکتا ہے!

نے ہاتھ باگ پر ہے، نے پا ہے رکاب میں

سب سے زیادہ آسانی گورکنوں کے لئے ہے کیونکہ اردو شاعری کا ایک بہت بڑا حصہ کفن، دفن، گورکنی اور مردہ شوئی کے متعلق ہے۔ ہماری شاعری میں مردے بولتے ہیں اور کفن پھاڑ کر بولتے ہیں۔ بعضے تو منکر نکیر تک سے کٹ حجتی کرتے ہیں۔ ؎

چھیڑو نہ میٹھی نیند میں اے منکر و نکیر
سونے دو بھائی میں تھکا ماندہ ہوں راہ کا

اسی طرح ہمارے شاعروں نے بہت کچھ حکیموں، ڈاکٹروں اور عطائیوں کے بارے میں کہہ رکھا ہے۔ کل کلاں میڈیکل ایسوسی ایشن یا طبی کانفرنس والے یا جڑی بوٹی سنیاسی ٹوٹکا ایسوسی ایشن کے سیکرٹری سائیں اکسیر بخش کشتہ مشاعرہ کرائیں تو حسب ذیل تیر بہدف مصرعے کام میں لا سکتے ہیں:

؎ یاالٰہی مٹ نہ جائے دردِ دل
؎ آخر اس درد کی دوا کیا ہے
؎ پہلے تو روغنِ گل بھینس کے انڈے سے نکال اور
؎ مریضِ عشق پر رحمت خدا کی۔ وغیرہ

فیملی پلاننگ کے محکمے نے پچھلے دنوں ڈھیروں نظمیں لکھوائی ہیں جن میں بعض میں ایسی تاثیر سنی ہے کہ کسی جوڑے کو پانی میں کھول کر پلا دیں تو نہ صرف ان کو بقیہ عمر کے لئے چھٹی ہو جائے بلکہ ان کی اگلی پچھلی سات نسلیں بھی لاولد ہو جائیں ہمارے محکمہ زراعت اور آبپاشی نے ہمیں ذیل کے مصرعے بھیجے ہیں:

- ذرا نم ہو تو یہ مٹی بڑی زرخیز ہے ساقی
- کھیتوں کو دے لو پانی، اب بہہ رہی ہے گنگا
- تُو برائے فصل کردن آمدی

جنگلات والوں کی پسند ملاحظہ ہو۔

- پتہ پتہ بوٹا بوٹا حال ہمارا جانے ہے
- کانٹوں سے بھی نباہ کئے جا رہا ہوں میں
- مجنوں جو مر گیا ہے تو صحرا اداس ہے
- ہزار ہا شجرِ سایہ دار راہ میں ہے

ایک مشاعرہ ہم ملتان کے چڑیا گھر میں پڑھ چکے ہیں جس کی طرحیں حسب ذیل تھیں

- لاکھ طوطے کو پڑھایا پر وہ حیواں ہی رہا
- کیا ہی کنڈل مار کر بیٹھا ہے جوڑا سانپ کا
- رگِ گل سے بلبل کے پر باندھتے ہیں

محکمے ہو گئے۔ اب اہلِ حرفہ کی بھی تو ضرورتیں ہیں۔ کریانہ فروشوں کی عید ملن پارٹی ہونے والی ہے۔ اس کے لئے بھی مصرع طرح تجویز کر دیں:

- وہ الگ باندھ کے رکھا ہے جو مال اچھا ہے

بار برایسوسی ایشن کے سالانہ مشاعرے کے لئے:

- کون جیتا ہے تری زلف کے سر ہونے تک
- زخم کے بڑھتے تلک ناخن نہ بڑھ آئیں گے کیا؟

ہاکرز فیڈریشن والوں نے بھی ہم سے مصرع مانگا تھا۔ ایک نہیں دو حاضر ہیں۔

- میں دل بیچتا ہوں، میں جاں بیچتا ہوں۔ اور
- بیٹھے ہیں رہگذر پہ ہم، کوئی ہمیں اٹھائے کیوں

ایک مصرع جوتے والوں کی نذر ہے:

؎ پاپوش میں لگادی کرن آفتاب کی

وکیل اس مصرع سے کام چلا سکتے ہیں

؎ مدعی لاکھ برا چاہے پہ کیا ہوتا ہے

اور قصاب حضرات کے لئے ہم نے:

؎ کاغذ پہ رکھ دیا ہے کلیجا نکال کے

ایک زمانے میں ہماری شاعری نے بادشاہوں اور نوابوں کی سرپرستی میں ترقی کی۔ ایک مشہور شاعر فرخی کو تو بادشاہ وقت نے خوش ہو کر مویشیوں کا ایک گلہ انعام میں دے دیا تھا۔ اس نے غالباً غزل گوئی چھوڑ چھاڑ کر دودھ بیچنے کا پیشہ اختیار کر لیا کیونکہ پھر اس کے خاندان میں کوئی شاعر ہم نے نہ سنا۔ ہمارے زمانے میں وار فنڈ والے، محکمہ زراعت والے، میلہ مویشیاں والے اس فن کے فروغ کا ذریعہ ہیں پھر کلاتھ ملوں والوں نے اس نیم جان کا پردہ ڈھکا۔ خوشی کی بات یہ ہے کہ انکم ٹیکس اور کسٹم والے بھی شاعری کی سرپرستی کی طرف توجہ کرنے لگے۔ ہمارے ایک دوست پولیس میں ہیں۔ انہوں نے ہمیں اطلاع دی ہے کہ وہ بھی اپنا دھوم دھامی مشاعرہ کرانے کا ارادہ رکھتے ہیں۔ ہم نے کہا، اس میں خرچ بہت پڑتا ہے۔ بولے یہ تم ہم پر چھوڑ دو۔ ہمارا سپاہی والا جہاں طلب نامہ لے کر پہنچا۔ شاعر اپنے خرچ پر رکشہ میں بیٹھ بھاگا آئے گا۔ کھانا اسے سامنے کے تندور والے مفت کھلائیں گے۔ اور شب بسری کے لئے جگہ ہماری حوالات میں بہت ہے۔ البتہ سنا ہے مشاعرے میں ہوٹنگ وغیرہ کرتے ہیں لوگ۔

ہم نے کہا۔ ہاں کرتے تو ہیں۔

بولے۔ اچھا پھر تو آنسو گیس کا بھی انتظام رکھنا ہوگا۔ آپ آئیں گے مشاعرے میں یا بھیجوں لال پگڑی والے کو ہتھکڑی دے کر؟

شوخیٔ تحریر (حصہ دوم) 63 مرتب : تنویر حسین

ابنِ انشاء

جنتری نئے سال کی

آمد بہار کی ہے جو بلبل ہے نغمہ سنج۔ یعنی بلبل بولتا تھا یا بولتی تھی تو لوگ جان لیتے تھے کہ بہار آئی ہے۔ ہم نئے سال کی آمد کی فال جنتریوں سے لیتے ہیں۔ ابھی سال کا آغاز دور ہوتا ہے کہ بڑی بڑی مشہور عالم، مفید عالم جنتریاں دوکانوں پر آن موجود ہوتی ہیں۔ بعض لوگ جنتری نہیں خریدتے۔ خدا جانے سال کیسے گزارتے ہیں۔ اپنی قسمت کا حال اپنے خوابوں کی تعبیر، اپنا ستارہ (چاند سورج وغیرہ بھی) کیسے معلوم کرتے ہیں۔ سچ یہ ہے کہ جنتری اپنی ذات سے ایک قاموس ہوتی ہے۔ ایک جنتری خریدلو اور دنیا بھر کی کتابوں سے بے نیاز ہو جاؤ۔ فہرست تعطیلات اس میں نماز عید اور نماز جنازہ پڑھنے کی تراکیب، جانوروں کی بولیاں، دائمی کیلنڈر محبت کے تعویز، انبیائے کرام کی عمریں، اولیائے کرام کی کرامتیں، لکڑی کی پیمائش کے طریقے، کون سا دن کس کام کے لئے موزوں ہے۔ فہرست عرس ہائے بزرگان دین، صابن سازی کے گُر، شیخ سعدی کے اقوال، چینی کے برتن توڑنے اور شیشے کے برتن جوڑنے کے نسخے، اعضا پھڑکنے کے نتائج، کرۂ ارض کی آبادی، تاریخ وفات نکالنے کے طریقے، یہ محض چند مضامین کا حال ہے۔ کوزے میں دریا بند ہوتا ہے اور دریا میں کوزہ۔ یوں تو سبھی جنتریاں مفید مضامین کی پوٹ ہوتی ہیں، جو ذرہ جس جگہ ہے، وہیں آفتاب ہے۔ لیکن روشن ضمیر جنتری (جیبی) کو خاص شہرت حاصل ہے۔ اس وقت ہمارے سامنے اسی کا

تازہ ترین ایڈیشن ہے۔ ایک باب میں ہے۔ ''کون سا دن کون سے کام کے لئے موزوں ہے''۔

ہفتہ: سفر کرنے، بچوں کو اسکول میں داخل کرانے کے لئے

اتوار: شادی کرنے، افسروں سے ملاقات کرنے کے لئے

بدھ: نیا لباس پہننے، غسلِ صحت کے لئے

جمعرات: حجامت بنانے، دعوت احباب کے لئے

جمعہ: غسل اور شادی وغیرہ کرنے کے لئے

ہم نے دیکھا ہے کہ لوگ اندھا دھند جس دن جو کام چاہیں شروع کر دیتے ہیں۔ یہ جنتری سب کے پاس ہو تو زندگی میں انضباط آ جائے۔ ہفتے کا دن آیا اور سبھی لوگ سوٹ کیس اٹھا کر سفر پر نکل گئے۔ جو نہ جا سکے وہ بچوں کو اسکول میں داخل کرانے پہنچ گئے۔ اس سے غرض نہیں کہ اسکول کھلے ہیں یا کسی کے بچے ہیں بھی کہ نہیں۔ جدھر دیکھو بھیڑ لگی ہے۔ اتوار کو ہر گھر کے سامنے چھولداریاں تنی ہیں اور ڈھولک بج رہی ہے۔ لوگ سہرے باندھنے کے بعد جنتری ہاتھ میں لئے افسروں سے ملاقات کرنے چلے جا رہے ہیں۔ بدھ کو سبھی حماموں میں پہنچ گئے۔ اور جمعرات کو لوگوں نے حجامت بنوائی، اور دوستوں کے پیچھے پیچھے پھر رہے ہیں کہ ہمارے ہاں آ کر دعوت کھا جائیو۔ جمعہ کو نکاح ثانی کا نمبر ہے۔ جو لوگ اس منزل سے گزر چکے ہیں وہ دن بھر نل کے نیچے بیٹھ کر نہائیں کہ ستاروں کا حکم یہی ہے۔

ہم جو خواب دیکھتے ہیں وہ بالعموم عام قسم کے ہوتے ہیں اور صبح تک یاد بھی نہیں رہتے۔ جنتری سے معلوم ہوا کہ خوابوں میں بھی بڑے تنوع کی گنجائش ہے۔ خواب میں پھانسی پانے کا مطلب ہے بلند رتبہ حاصل ہونا۔ افسوس کہ ہم نے خواب تو کیا اصل زندگی میں بھی کبھی پھانسی نہ پائی۔ بلند مرتبہ نہ مل سکنے کی اصل وجہ اب معلوم ہوئی۔ من

نہ کردم شما حذر بکنید۔ اسی طرح گھوڑا دیکھنے کا مطلب ہے۔ دولت حاصل کرنا۔ قیاس کہتا ہے کہ مطلب وکٹوریہ کے گھوڑے سے نہیں۔ ریس کے گھوڑے سے ہے۔ خچر دیکھنے سے مراد ہے سفر پیش آنا۔ جولوگ ہوائی جہاز سے سفر کرتے ہیں ان کو ہوائی جہاز دیکھنا چاہیے۔ بلی کا پنجہ مارنا بیماری کے آنے کی علامت ہے۔ سانپ کا گوشت کھانا۔ دشمن کا مال حاصل ہونے کی۔ خواب میں کان میں چیونٹی گھس آئے تو سمجھئے موت قریب ہے۔ (خواب کے علاوہ گھس آتے تو چنداں حرج نہیں، سرسوں کا تیل ڈالئے نکل آئے گی) اپنے سر کو گدھے کا سر دیکھنے کا مطلب ہے۔ عقل کا جاتے رہنا۔ یہ تعبیر ہم خود بھی سوچ سکتے تھے۔ کوئی آدمی اپنے سر کو گدھے کا سر (خواب میں بھی) دیکھے گا، اس کے متعلق اور کیا کہا جا سکتا ہے؟ خواب میں مردے سے مصافحہ کرنے کی تعبیر۔ درازیٔ عمر، خدا جانے یہاں عمرِ فانی سے مراد ہے یا عمرِ جاودانی سے۔

ایک باب اس میں جسم کے اعضاء کے پھڑکنے اور ان کے عواقب کے بارے میں بھی ہے۔ آنکھ پھڑکنا تو ایک عام بات ہے۔ رخسار، شانۂ راست، گوشِ چپ انگشتِ چہارم، زبان، گلا، گردن بجانب چپ، ٹھوڑی، بغلِ راست وغیرہ، ان پچاس اعضاء میں سے ہیں۔ جن کے پھڑکنے پر نظر رکھنی چاہیے۔ ان میں سے بعض کے نتائج ایسے ہیں کہ ہم نقل کر دیں تو فحاشی کی زد میں آجائیں۔ ایک دو امور البتہ فاضل مرتبین نظرانداز کر گئے۔ رگِ انتخاب کی پسلی پھڑک اٹھنا استادوں کے کلام میں آیا ہے۔ اس کا نتیجہ نہیں دیا گیا۔ ہماری رگِ حمیت بھی کبھی کبھی پھڑک اٹھتی ہے۔ اس کے عواقب کی طرف بھی یہ جنتری رہنمائی نہیں کرتی۔ یہ نقائص رفع ہونے چاہئیں۔

یہ معلومات تو شائد کہیں اور بھی مل جائیں لیکن اس جنتری کا مغز محبت کے عملیات اور تعویزات ہیں، جو حکمی تاثیر رکھتے ہیں۔ قیس میاں کی نظر سے ایسی کوئی جنتری گزری ہوتی تو جنگلوں میں مارے مارے نہ پھرتے۔ ایک نسخہ حاضر ہے۔

''محبت کے مارے کو چاہیے کہ ۱۲؍ مارچ کو بوقت ایک گھڑی بعد طلوع آفتاب مشرق کی طرف منہ کر کے نقش ذیل کو نام مطلوب بمع والدۂ مطلوب اُلو کے خون سے لکھ کر اپنے دہنے بازو پر باندھے اور مطلوب کو ۲۰؍ مارچ بوقت ایک گھڑی ۴۵ پل پر بعد طلوع آفتاب اپنا سایہ دے۔ مطلوب فوراً مشتاق ہو جائے گا۔

۹۱، ۱۱م و م ۱۰ ع ۱۱ ع ۱۱

نام مطلوب مع والدہ مطلوب، اپنا نام مع نام والدہ

یہاں بعض باتیں جی میں آتی ہیں۔ اگر مطلوب یا محبوب بات نہیں کرتا تو اس کی والدہ اور دیگر رشتہ داروں کے نام کیسے معلوم کئے جائیں؟ پھر اُلو کیسے پکڑا جائے اور ۲۰؍ مارچ کو بوقت صبح عین ایک گھڑی ۴۵ پل بعد طلوع آفتاب مطلوب کو کیسے مجبور کیا جائے کہ طالب کے سایے میں آئے۔ ان باتوں کا اس جنتری میں کوئی ذکر نہیں۔ ہاں جنتری کے پبلشر نے جنتر منتر مکمل نامی جو کتاب بقیمت چھ روپے شائع کی ہے۔ اس میں ان کی تفصیل ملے گی۔

جو لوگ ہماری طرح تن آسان ہیں۔ محبت میں اتنا کشٹ نہیں اُٹھا سکتے ان کے لئے مرتب جنتری نے کچھ آسان تر عمل بھی دیتے ہیں۔ جن کی بدولت محبوب قدموں پر تو آ کر خیر نہیں گرتا لیکن مائل ضرور ہو جاتا ہے۔ ان میں سے ایک تعویذ ہے جسے ہر روز کاغذ کے چالیس ٹکڑوں پر لکھ کر اور نیچے طالب و مطلوب کے نام درج کر کے آٹے کی گولیوں میں لپیٹ کر دریا میں ڈالنا چاہیے اور چالیس دن تک یہی کرنا چاہئے۔ ہم نے حساب لگایا ہے۔ از راہِ کفایت آدھے تولے کی گولی بھی بنائی جائے تو ایک پاؤ روزانہ یعنی دس سیر آٹے میں محبوب کو راضی کیا جا سکتا ہے۔ جو حضرت اس میں بھی خست کریں اور اپنی محبت کو بالکل پاک رکھنا چاہیں۔ وہ ایک اور عمل کی طرف رجوع کر سکتے ہیں۔ وہ یہ کہ '' جب بھی محبوب سامنے آئے، آہستہ سے دل میں بسم اللہ الصمد، دس بار پڑھیں

اور آخر میں محبوب کی طرف منہ کر کے پھونک ماریں۔ اس طرح کہ منہ کی ہوا اس کے کپڑوں کو چھو سکے۔ پندرہ بیس مرتبہ ایسا کرنے سے اس کے دل میں قرار واقعی محبت پیدا ہو جائے گی''۔

یہ عمل بظاہر تو آسان معلوم ہوتا ہے۔ لیکن عملاً ایسا آسان بھی نہیں۔ اوّل تو محبوب کو اتنی دیر سامنے کھڑا رہنے پر مجبور کرنا کہ آپ دس بار عمل پڑھ کر پھونکیں مار سکیں اور وہ بھاگے نہیں۔ اپنی جگہ ایک مسئلہ ہے۔ پھر آپ جو پھونکیں ماریں گے۔ اس کی بناء پر محبوب کیا رائے قائم کرے گا۔ اس کے متعلق ہم کچھ نہیں کہہ سکتے۔ زیادہ شوقین مزاج ان دونوں سے قطع نظر کر کے ''محبت کا سرمہ'' استعمال کر سکتے ہیں۔ جس کا بنانا تھوڑی محنت تو ضرور لے گا لیکن اس کا جادو بھی عالمگیر ہے۔ یعنی صرف محبوب ہی پر کاری اثر نہیں کرتا بلکہ لکھنے والے نے لکھا ہے کہ یہ سرمہ ڈال کر'' جس کی طرف بھی صبح سویرے دیکھے وہی محبت میں مبتلا ہو جائے گا''۔

یہ سرمہ بنانے کے لئے حاجتمند کو ۱۹ رفروری کا انتظار کرنا پڑے گا۔ اس روز وہ بوقت طلوع آفتاب پرانی داتن کو جلا کر اس کی راکھ میں چمگادڑ کا خون ملائے اور اس سے یہ نقش بوقت صبح ایک گھڑی ۱۵ اپل بعد طلوع آفتاب لکھے اور اس پر سورۂ فلق گیارہ سو بار پڑھے۔ پھر نئے چراغ میں روغن کنجد (تل کا تیل) ڈال کر جلائے اور اس کی سیاہی آنکھوں میں ڈالے، حسب ہدایت ایک صاحب نے یہ سرمہ دنبالہ دار لگایا تھا۔ اتنا ہم نے بھی دیکھا کہ محبوب انہیں دیکھتے ہی ہنس دیا۔ آگے کا حال ہمیں معلوم نہیں۔

یہی نہیں، صابن اور تیل تیار کرنے، بوٹ پالش بنانے، کھٹمل اور مچھر مارنے اور مشہور عام ادویہ کی نقلیں تیار کرنے کی ترکیبیں بھی اس میں درج ہیں۔ لوگ اکثر شکایت کرتے ہیں کہ اردو میں کوئی انسائیکلوپیڈیا نہیں۔ معلومات کی کتاب نہیں۔ انسائیکلو پیڈیا کیا ہوتی ہے۔ بے ادب شرط منہ نہ کھلوائیں۔ ہم نے انسائیکلو پیڈیا برٹینکا وغیرہ

دیکھی ہیں۔ الم غلم مضامین کا طومار ہے۔ اہلِ دل کے مطلب کی ایک بات بھی نہیں۔ نہ نسخے نہ تعویذ۔ نہ عرسوں کی تاریخیں نہ محبت کے عملیات نہ خواب نہ خوابوں کی تعبیریں۔ ہمارا یہ دستور ہو گیا ہے کہ باہر کی چیز کو ہمیشہ اچھا جانیں گے۔ اپنے ہاں کے سونے کو بھی مٹی گردانیں گے۔

عطاء الحق قاسمی

جنت یا دوزخ؟

میں کبھی کبھی سوچتا ہوں جنت کیسی ہوگی؟ ہر دفعہ عجیب و غریب نقشے میرے ذہن میں آتے ہیں۔ اسی طرح کبھی خیال آتا ہے کہ اگر مجھے جنت میں داخلہ مل گیا تو میری زندگی وہاں کس طرح کی ہوگی، اور پھر اس حوالے سے کئی باتیں ذہن میں آنے لگتی ہیں۔ مثلاً میں سوچتا ہوں میرا یاقوت کا محل ہوگا، میری خواب گاہ بھی سیمنٹ اور ریت کی بجائے قیمتی ہیرے اور موتیوں سے بنی ہوگی، اس کے پردے ایسے ہوں گے اور فرنیچر ویسا ہوگا، صبح شہد کی نہر کے کنارے ایک توس پر تھوڑا سا شہد لگاؤں گا اور دودھ کی نہر میں سے ایک کپ دودھ لے کر ناشتہ کروں گا، دو چار حوریں میری ٹانگیں دبا رہی ہوں گی، مگر ساتھ ہی خیال آتا ہے کہ جنت میں ٹانگوں میں درد تو ہونی نہیں لہٰذا یہ کام ان سے لینے کا کیا تک ہے؟ ویسے بھی یہ حوریں اربوں کھربوں سال عمر کی ہوں گی پتہ نہیں اس عمر کی حوروں سے کسی بھی قسم کا کوئی کام لیا جا سکے گا بھی کہ نہیں؟ تو چلو پھر غلمان پنکھا جھل رہے ہوں گے، مگر پھر میں نے سوچا جنت میں کون سی گرمی ہونی ہے کہ وہ پنکھا جھلیں گے، چنانچہ مجھے ان کا کوئی مصرف سمجھ نہیں آیا۔ یک دل خوش کن خیال یہ آیا کہ علی الصبح اٹھ کر پہلے نماز پڑھوں گا، پھر دودھ اور شہد کی نہروں کے کنارے گھنٹہ ڈیڑھ گھنٹہ سیر کروں گا تاکہ صحت ٹھیک رہے، مگر مجھے اپنے اس خیال پہ ہنسی آگئی، بھلا جنت میں صحت کی برقراری کے لئے سیر کی کیا ضرورت ہے، وہاں تو نہ بیماری ہے، نہ موت ہے

نہ بڑھاپا ہے، صرف جوانی ہی جوانی ہے۔ ان سوچوں کے دوران اچانک ایک خیال نے مجھے پریشان کر دیا کہ میں صبح سے رات تک کا وقت گزاروں گا کیسے؟ نہ وہاں حلقہ ارباب ذوق ہے، نہ وہاں سے کوئی اخبار نکلتا ہے، نہ وہاں تعلیمی ادارے ہیں اور میرے تینوں شوق یعنی ادبی محفلیں، کالم نگاری اور تدریس تو انہی سے وابستہ ہیں۔ پھر میں نے سوچا صبح سے رات گئے تک اللہ تعالیٰ کی عبادت کروں گا مگر اس کام پر تو فرشتے مامور ہیں جو ازل سے خدا کی حمد و ثنا میں مشغول ہیں۔ جنت میں طرح طرح کے کھانے ہوں گے، انواع و اقسام کے پھل اور میوے ہوں گے، مگر اس خیال سے بھی میری تسلی نہیں ہوئی کیونکہ سارا دن کھاتے رہنے سے تو وقت نہیں گزر سکتا، چنانچہ بالآخر میں نے یہ معاملہ اللہ تعالیٰ پر چھوڑ دیا کہ صرف وہی جانتا ہے جنت کیسی ہوگی اور جنتیوں کے مشاغل کیا ہوں گے؟

جنت کے بعد میرا دھیان جہنم کی طرف گیا اور میں نے سوچا اگر خدانخواستہ مجھے میرے اعمال کی وجہ سے جہنم میں بھیج دیا گیا تو میرا کیا بنے گا؟ یہ سوچ کر ہی میرے رونگٹے کھڑے ہو گئے کہ وہاں بار بار دہکتے ہوئے الاؤ میں پھینکا جائے گا، پیاس لگنے پر پانی کی جگہ پیپ پلائی جائے گی، فرشتوں نے کاندھوں پر بڑے بڑے گرز رکھے ہوں گے اور وہ دوزخیوں کو مار مار کران کا بھرکس نکال دیں گے مگر یہ سوچ کر تسکین ہوئی کہ دنیا میں جن لوگوں نے ہمیں گمراہ کیا، ان کے چہروں پر ریاکاری کے پردے پڑے ہوئے تھے، وہ تھے کچھ اور مگر ظاہر کچھ اور کرتے تھے اور یوں ہم ان کے ظاہر سے دھوکا کھا گئے چنانچہ جب جہنم میں ان سے ملاقات ہوگی تو ان کے اصلی چہرے سامنے ہوں گے اور میں ان سے پوچھوں گا کہ تم نے ہمارے ساتھ دھوکا کیوں کیا؟ یہاں علماسوئے ہوں گے، انصاف کا خون کرنے والے جج صاحبان ہوں گے، ظلم و زیادتی اور آئینہ حدود سے تجاوز کرنے والے صاحبانِ اقتدار ہوں گے، برصغیر کے مسلمانوں کی عظیم پناہ

گاہ پاکستان کے خلاف سازشیں کرنے والے اور اسے ذلت سے دو چار کرنے والے سیاست دان اور جرنیل ہوں گے، میں ان سب سے پوچھوں گا کہ پاکستانی مسلمانوں نے تمہارا کیا بگاڑا تھا جو تم ان کے اعتماد کو ٹھیس پہنچاتے رہے اور ان کے لئے ان زندگی ہی جہنم بنادی؟ مگر پھر میں نے سوچا اس کا کیا فائدہ؟ جو ہونا تھا، وہ تو ہو گیا، ان لوگوں کو سزا ان کی زندگی میں ملتی جو پاکستان کی جنت کو دوزخ بنانے میں لگے رہے مگر پھر سوچا چلو دیر سے ہی سہی لیکن ان کا حساب کسی نے تو لیا اور حساب لینے والا بھی وہ جو کڑے احتساب میں بھی کسی سے ناانصافی نہیں ہونے دیتا!

بہر حال جنت اور دوزخ دونوں کی خیالی سیر نے مجھے خاصا کنفیوژ کر دیا ہے، دوزخ تو کسی صورت میں قبول نہیں اور جنت کے بارے میں پوری طرح علم نہیں کہ وہاں کی زندگی کس طرح کی ہوگی، اس کی لذتیں کس نوعیت کی ہوں گی، اس میں ہجر اور وصال، محبت اور نفرت، روشنی اور اندھیرا، خوشی اور غم، بچپن، جوانی اور بڑھاپا، صحرا اور گلستان غرضیکہ وہ سب تضادات جو زندگی میں یکسانیت پیدا نہیں ہونے دیتے وہاں کس صورت میں ہوں گے کہ لذتوں کی یکسانیت تنگ نہ کرے۔ ان سب باتوں کا جواب، میں انشاء اللہ آپ کو مرنے کے بعد دوں گا یہ ایک شعر ہے،

وہاں سے لوٹ کے آئے کوئی تو بتلائے
وہاں پہ کیا ہمیں ملتا ہے کیا نہیں ملتا

چنانچہ آپ جنت یا جہنم سے آئے ہوئے میری تازہ تازہ تحریر کا انتظار کریں۔

عطاءالحق قاسمی

لاہور کا تاریک جغرافیہ!

لاہور کے شادی گھر

یوں تو لاہور میں بہت سے شادی گھر ہیں تاہم ان میں سے مشہور ترین شادی گھر لاہور کے فائیو سٹار ہوٹل ہیں۔ دوپہر اور رات کے اوقات میں یہاں بہت رش ہوتا ہے۔ یہاں باراتیوں کے علاوہ بھی دوسرے لوگ زرق برق کپڑے پہنے آتے ہیں اور کھانا کھا کر چلے جاتے ہیں۔ لڑکے والے سمجھتے ہیں یہ لڑکی والوں کے مہمان تھے اور لڑکی والے انہیں باراتی سمجھ کر ان کی آؤ بھگت کرتے ہیں۔ داتا دربار کے بعد یہ دوسری جگہ ہے جس کے لنگر سے روزانہ بیسیوں مسکین اپنے پیٹ کی آگ بجھاتے ہیں۔ ان کی شادی گھروں میں ریستوران، ڈائننگ ہال اور رہائشی کمرے بھی ہیں اور یوں ان کی حیثیت ہوٹل کی بھی ہے۔ تاہم زیادہ تر یہ بطور شادی گھر استعمال ہوتے ہیں!

فلم اسٹوڈیو

لاہور پاکستان کا ثقافتی مرکز ہے۔ یہاں بہت سے فلم اسٹوڈیو ہیں جن میں بیک وقت ایک ہی فلم بنتی ہے۔ اس فلم کی کاسٹ بھی عموماً تبدیل نہیں ہوتی۔ دس پندرہ برس بعد ہیروئن بدل جاتی ہے البتہ ہیرو ایک ہی رہتا ہے جس کا نام سلطان راہی ہے۔ سلطان راہی ایک خوبرو ہیرو کا رول بھی ادا کرتا ہے کالج اسٹوڈنٹ کا بھی اور ڈریکولا کا بھی۔ وہ یہ دونوں کردار بغیر کسی میک اپ یا گیٹ اپ کے کرتا ہے اور ہر کردار میں

سپر ہٹ جاتا ہے۔ اس میں اس کا کوئی کمال نہیں۔ البتہ اللہ تعالٰی ناظرین کی آنکھوں پر پٹی باندھ دیتے ہیں مسلسل ''نظر بندی'' کی وجہ سے یہ ناظرین سیاست میں بھی ہیرو اور ولن کے فرق کو بھول گئے ہیں!

سیاسی رہنما

لاہور سیاست کا گڑھ ہے لیکن یہاں سیاست دان دوسرے صوبوں یا شہروں سے منگوائے جاتے ہیں اور ان کی بہت آؤ بھگت کی جاتی ہے۔ یہاں بہت عرصے سے کوئی مقامی سیاست دان پیدا نہیں ہوا جو مارے موٹے سیاست دان ہیں بھی ان کا دائرہ اثر لاہور کارپوریشن کی حدود تک ہے۔ لاہور نے بہت عرصے کے بعد ایک مقامی سیاست دان پیدا کیا ہے جس کا نام میاں نواز شریف ہے اور جس کا دائرہ اثر چاروں صوبوں میں موجود ہے مگر یہ سیاست دان بھی ہر ہفتے لاہور دوڑ آتا ہے۔ باقی صوبے والے اس کی راہ دیکھتے رہتے ہیں۔ یہ وہاں صرف اس وقت جاتا ہے جب وہاں کسی خاتون کے ساتھ زیادتی ہوتی ہے۔

اخبارات

اخبارات کی تعداد اور ان کی سرکولیشن کے لحاظ سے لاہور پاکستان کے تمام شہروں سے آگے ہے۔ لاہور سے جو اخبارات نکلتے ہیں ان میں اہم سے اہم خبر کی پہلی سطر صفحۂ اول اور باقی ساری خبریں صفحہ سات پر بقیوں والے حصے میں شائع ہوتی ہے چنانچہ قاری سارا وقت پہلے اور ساتویں صفحے کا پینڈا طے کرنے میں ہی مشغول رہتا ہے اور یوں اخبار والے خبر میں چھپی خبر سے ان کا دھیان ہٹانے میں کامیاب ہو جاتے ہیں۔ لاہور سے شائع ہونے والے اخباروں میں کالی ریورسیں بہت نکالی جاتی ہیں۔ ریورسوں کی تعداد اتنی زیادہ ہوتی ہے کہ کسی اخبار کو پیلی صحافت کا طعنہ دینا ممکن نہیں رہتا، اسے زیادہ سے زیادہ کالی صحافت کہا جا سکتا ہے۔ اخباروں کی شہ سرخیاں دمادم

مست قلندر، جبرا آ گیا میدان میں، ہے جمالو، اوئے تیری لاش نوں مچھیاں ای کھان گیا۔ قسم کی ہوتی ہیں جو بہت پسند کی جاتی ہیں۔ پولیس، کسٹم، ایف آئی اے، انکم ٹیکس، ایکسائز اور فضل ربی والے دوسرے محکموں کی طرح اخبار میں کام کرنے والے کی تنخواہیں بھی کم ہوتی ہیں۔ البتہ کچھ عرصے سے بلیک منی کو وائٹ کرنے کے لیے بھی اخبارات نکالے جارہے ہیں۔ جس سے کارکنوں کو بھی بہت فائدہ پہنچ رہا ہے۔

مذہبی جماعتیں

لاہور میں تمام مذہبی جماعتوں کے دفاتر موجود ہیں۔ ان جماعتوں کا عہدیدار کوئی بھی باریش شخص ہوسکتا ہے۔ مذہبی جماعتیں لوگوں کی مذہبی تربیت کی طرف بہت توجہ دیتی ہے چنانچہ مختلف اسٹکرز چھپوا کر کاروں پر ان کے مالکوں سے پوچھے بغیر چسپاں کرادیئے جاتے ہیں۔ ان اسٹکروں پر یارسول اللہ، یاعلی مدد اور یا اللہ مدد لکھا ہوتا ہے۔ دراصل ان اسٹکروں سے مختلف فرقوں کی تبلیغ کا فریضہ انجام دیا جاتا ہے۔ مذہبی جماعتیں مذہب کے فروغ کے علاوہ باقی سب خدمات انجام دیتی ہے۔

مساجد

استنبول کے بعد لاہور دوسرا شہر ہے جسے مساجد کا شہر کہا جاسکتا ہے۔ مسجد کسی بھی خالی پلاٹ پر اس کے مالک کی مرضی کے بغیر بنائی جاسکتی ہے۔ اور جب ایک دفعہ مسجد بن جائے کوئی مائی کا لال اس کے جائز یا ناجائز ہونے کے بارے میں لب کشائی نہیں کرسکتا۔ ان مسجدوں میں اہلِ محلہ کے اعصاب کو مضبوط بنانے کے لیے چاروں طرف لاؤڈ اسپیکر لگا دیئے جاتے ہیں تاکہ کسی کافر ملک سے جہاد کی صورت میں عوام بموں کے دھماکوں سے پریشان نہ ہوں۔ ان لاؤڈ سپیکروں سے چندہ بھی طلب کیا جاتا ہے۔ اور چندہ دینے والوں کے ناموں کا اعلان بھی ہوتا ہے جو لوگ چندہ نہیں دیتے باقی تینوں لاؤڈ سپیکروں کا رخ بھی ان کے گھر کی طرف کردیا جاتا ہے۔

پبلشنگ کے ادارے

لاہور میں بے شمار پبلشنگ کے ادارے ہیں چنانچہ کوئی بھی مصنف بآسانی اپنی کتاب شائع کرا سکتا ہے۔ پبلشر حضرات نے اس کے لیے بہت آسان طریقہ کار رکھا ہے۔ یعنی مصنف کتاب کی اشاعت کے تمام اخراجات پبلشر کو ادا کر دیتا ہے چنانچہ اس کی کتاب شائع ہو کر مارکیٹ میں آجاتی ہے۔ یہ پبلشر حضرات مصنف کو باقاعدہ رائلٹی بھی ادا کرتے ہیں اور یہ رائلٹی دس کتابوں کی صورت میں ہوتی ہے جو مصنف کی رقم سے شائع شدہ کتابوں میں سے دس کتابوں کا پیکٹ بنا کر اسے پیش کر دی جاتی ہے۔

احتجاجی جلوس

لاہور میں احتجاجی جلوس بہت نکلتے ہیں۔ ان جلوسوں کے لیے حکومت نے شاہراہِ قائداعظم کو مخصوص کیا ہوا ہے جہاں چند تاجر حضرات ناجائز طور پر اپنی دکانیں سجائے بیٹھے ہیں جو ان جلوسوں کے موقع پر عموماً لوٹ لی جاتی ہیں یا جلا دی جاتی ہیں۔ جلوس کے شرکاء قومی سلامتی کے تحفظ کے لیے بھی اگر کوئی جلوس نکالیں تو قومی املاک کو ضرور نذرِ آتش کرتے ہیں۔ شاہراہِ قائداعظم پر جب کوئی احتجاجی جلوس نمودار ہوتا ہے ٹریفک پولیس ٹریفک کا رخ اردگرد کی گلیوں میں موڑ دیتی ہے اور اس کے بعد بیلٹ ڈھیلی کر کے ٹوپی اتار کر بھنگیوں کے توپ پر بیٹھ جاتی ہے اور سگریٹ کے کش لگانے لگتی ہے البتہ امریکہ کے خلاف نکالے جانے والے جلوسوں کا منتشر کرنا بہت آسان ہے۔ اس کے لیے ٹریفک کو گلیوں میں موڑنے کی بھی کوئی ضرورت نہیں بلکہ اس موقع پر اگر میگافون کے ذریعے صرف یہ اعلان کر دیا جائے کہ جو حضرات امریکہ کا ویزہ لینے کے خواہش مند ہوں وہ ایک طرف ہو جائیں تو اس کے بعد جلوس میں جو چیز نظر آئے گی اسے آسان آرزو میں بھگدڑ کہا جاتا ہے۔

مستنصر حسین تارڑ

''گدھے شماری''

''رقان بھائی''

''ہاں فرقان بھائی''

''بھی بہت اداس اور رنجیدہ اور ملول وغیرہ دکھائی دے رہے ہو۔کیا ہو گیا؟''

''جو ہونا تھا ہو گیا۔ برا ہوایا بھلا ہوا''۔

''رقان بھائی تمہاری طبیعت کچھ ٹھیک نہیں لگتی جو اتنے پرانے فلمی گانے الاپ رہے ہو''۔

''یہ گانا نہیں میرے دل کی آواز ہے......اور آواز دے تو کہاں ہے''

''لیکن ہوا کیا ہے......؟''

''ہم بڑھ گئے ہیں......''

''ہم کدھر بڑھ گئے ہیں؟''

''ہم تعداد میں بڑھ گئے ہیں''۔

''وہ تو اللہ تعالٰی کے نظام میں تمام چرند پرند اور انسان بڑھتے ہی رہتے ہیں۔ اس میں فکر کی کون سی بات ہے؟''

''اس لیے کہ اور کچھ نہیں بڑھا، صرف ہم بڑھے گئے ہیں''۔

''یعنی؟''

''یعنی یہ کہ پاکستان میں گدھے بڑھ گئے ہیں''۔

''اوہو.... یعنی گدھے.....یعنی ڈنکیز؟''

''گدھے کو ڈنکی کہا جائے تو بھی وہ گدھا ہی رہتا ہے.....خبر یہ ہے کہ پاکستان میں گزشتہ پندرہ برسوں میں گدھوں کی تعداد میں دوگنا اضافہ ہوگیا ہے۔محکمہ شماریات کے مطابق ۷۲-۱۹۷۱ء میں گدھوں کی تعداد دس لاکھ نوے ہزار تھی جو کہ اب بڑھ کر بیس لاکھ اٹھتر ہزار ہوگئی ہے''۔

''کمال ہے..... اس خبر میں حیرت کا مقام یہ ہے کہ پاکستان میں ایک محکمہ شماریات کا بھی ہے.... یہ کیا شمار کرتے ہیں؟''

''ظاہر ہے یہ گدھے شمار کرتے ہیں''

''گدھوں کے شمار کرنے کا طریق کار کیا ہے؟''

''مجھے کیا معلوم کہ کیا طریقہ کار ہے.....لیکن میرا خیال ہے کہ سب سے پہلے تمام گدھوں کے کام شمار کر لیے جاتے ہیں۔اور پھر ان کی چار ٹانگیں، اور اس کے بعد کُل کو چھ پر تقسیم کرلیا جاتا ہوگا اور یوں گدھوں کی تعداد پتہ چل جاتی ہوگی''

''نہیں بھئی کوئی اور طریقہ ہوگا۔یہ تو ذرا پیچیدہ ہے''

''تو پھر شاید وہ ہر پاکستانی سے پوچھتے ہوں گے کہ آپ کیا ہیں''۔

''نہیں، نہیں اس طرح تو تعداد کروڑوں میں ہو جائے گی. خیر کوئی بھی طریقہ ہو یہ ان کا ڈنکی سیکرٹ ہے۔لیکن ایک اور سوال ذہن میں آتا ہے کہ محکمہ شماریات کو گدھوں سے اتنی رغبت کیوں ہے.....؟''

''یعنی؟''

''یعنی یہ کہ انہوں نے پاکستان کے مگرمچھوں کو کیوں شمار نہیں کیا. یہاں ایک سے ایک بڑا مگرمچھ پڑا ہے.....انہوں نے پاکستان میں پائے جانے والے لگڑ بگڑ،

ُدھر، نیولے، گیدڑ، سؤر اور دیگر حیوان کیوں نہیں گنے......صرف گدھے کیوں......''

''اس لیے کہ گدھے آپ کا بوجھ اٹھا لیتے ہیں...... اُف تک نہیں کرتے...... روکھی سوکھی کھا کر گزارہ کر لیتے ہیں۔

''یہ تو کوئی بات نہ ہوئی...... ویسے ایک اور سوال ہے!''

''میں محکمہ شماریات میں تو نہیں، فرقان بھائی! سوال ان سے پوچھو''

''ان سے جا کر پوچھوں کہ آپ نے پاکستان میں صرف گدھوں کو کیوں شمار کیا ہے، گدھیوں کو کیوں شمار نہیں کیا......''۔

''یار انہوں نے شمار کیا ہوگا''

''نہیں اخبار میں صرف یہ چھپا ہے کہ پاکستان میں گدھے بڑھ گئے...... ہونا یہ چاہیے تھا کہ پاکستان میں گدھے اور گدھیاں بڑھ گئے......''

''بھئی وہ جو شمار کرنے والے ہوں گے، ان کو نہیں پتہ ہوگا گدھے اور گدھی میں کیا فرق ہوتا ہے......''

''ایک اور سوال ہے''

''محکمہ شماریات سے دریافت کرو''

''نہیں یہ ہمارے بارے میں ہے...... اگر پاکستان میں گدھے بڑھ گئے ہیں تو تم کیوں فکر مند ہو...... تم یہ کیوں کہتے ہو کہ ہم بڑھ گئے ہیں؟''

''بھئی گدھے وہی ہوتے ہیں ناں جو بوجھ اٹھاتے ہیں۔ جن کو کھانے کو کچھ نہیں ملتا۔ اور ہمیں سب بے وقوف سمجھتے ہیں...... میں بذاتِ خود ایک گدھا ہوں''۔

''خیر یہ تو تم گدھوں کے ساتھ زیادتی کر رہے ہو...... ویسے میں پھر بھی پوچھوں گا کہ محکمہ شماریات پاکستان میں صرف گدھوں کو کیوں شمار کرتا ہے...... اور اس کو کیسے معلوم ہے کہ پچھلے چند برسوں میں گدھے دوگنے ہو گئے ہیں......''

''بالکل درست...... تم گدھے وغیرہ تو نہیں ہو، کیونکہ اگر تم ہوتے تو ہم بھی ہوتے۔ اور ہم نہیں ہیں...... بتاؤ کیوں فکر مند ہو......''۔

''کولمبیا کا آتش فشاں جو پھٹ پڑا ہے''۔

''کولمبیا کا آتش فشاں...... اس کا پاکستانی گدھوں سے کیا تعلق ہے؟''

''ہے تعلق...... بھائی فرقان! دیکھو، قافیا کیسا ملا ہے......''

''یار یرقان تم تو واقعی گدھے ہو...... یہ ایتھوپیا اور کولمبیا بیچ میں کہاں آ گئے؟''

''دیکھو، فرقان...... ہم جو کائنات کے بھید جاننا چاہتے ہیں۔ ہمیں فخر ہے کہ ہم ملکوں اور صحراؤں کو جانتے ہیں۔ دنیا سکڑ گئی ہے۔ کمپیوٹر، سیارے، چاند پر قدم...... لیکن تم ذرا اپنے سینے پر ہاتھ رکھ کر کہہ سکتے ہو کہ تم اس سے پیشتر کولمبیا کو جانتے تھے؟''

''ہوں...... ہاں...... نہیں...... ہاں بس نام سن رکھا تھا۔ اور وہ بھی شاید......''

''تم جانتے تھے کہ یہ ملک کہاں واقع ہے؟''

''ہاں...... شاید امریکہ میں کہیں......''

''تمہیں پتہ ہے، اس کے دارالحکومت کا کیا نام ہے...... اس کے کسی شہر کا کیا نام ہے...... وہاں کے لوگ کیسے ہیں...... اس کے چہرے کیسے ہیں...... کیا وہ بھی اپنے بچے کو آئس کریم کھاتے دیکھ کر خوش ہوتے ہیں...... کیا وہ بھی کھیت میں سے پھوٹنے والی گندم کو سونگھ کر خوشی سے دیوانے ہوتے ہیں...... کیا انہیں بھی سردی لگتی ہے...... گرمی لگتی ہے...... بلکہ بہت گرمی لگتی ہے اور وہ جب آتش فشاں کے لاوے میں ہزاروں کی تعداد میں دفن ہو رہے ہوں گے، بچے بھی فرقان...... ویسے بچے جیسے میرے تمہارے ہیں...... تو ان کے دل میں کیا ہوگا بھائی فرقان......''

''دیکھو یرقان...... سچی بات ہے کہ میں نے زندگی میں پہلی مرتبہ کولمبیا کے بارے میں کوئی خبر پڑھی ہے۔ میں واقعی کولمبیا کے بارے میں کچھ نہیں جانتا...... اس

پورے ملک کے چرند پرند اور انسانوں کے بارے میں کچھ نہیں جانتا ... سوائے اس کے کہ جنوبی امریکی مصنف گارسیا مارکنیر وہاں کا تھا...... اور ہم ساری دنیا کے بارے میں سب کچھ تو نہیں جان سکتے ... سب کچھ جاننے کے لیے وہ عمر اور وہ وقت درکار ہے، جو ہمارے پاس نہیں ہے ... ''۔

''تو پھر ہم کیوں کہتے ہیں کہ دنیا سکڑ گئی ہے۔ ذرائع ابلاغ کی وجہ سے دنیا ایک ملک بن گئی ہے...... ہمیں یہ معلوم ہی نہیں کہ اس شہر کا نام ہے جس پر لاوے کا دریا آیا اور ٹھہر گیا اور اس لاوے میں دَب جانے والی بچوں کی چیخیں کون سی زبان میں تھیں...... وہ آہیں جو کئی روز تک ملبے میں سے بلند ہوتی رہیں اور ختم ہو گئیں۔ وہ کمیونسٹ تھیں عیسائی تھیں یا سرمایہ دار تھیں......؟ ہم یہ کیوں کہتے ہیں کہ پوری بنی نوع انسانی ایک برادری ہے جب کہ ہم اس برادری کو جانتے تک نہیں...... ان کے چہرے تک نہیں پہچانتے......''۔

''دیکھو یرقان بھائی! مجھے زندگی میں اور بہت سارے کام کرنے ہیں اس لیے میرے پاس اتنا وقت نہیں کہ سارا دن یہیں تمہارے پاس بیٹھا رہوں...... اس لیے خدا حافظ''۔

''تم جانتے ہو کہ کولمبیا میں آتش فشاں کیوں پھٹا تھا اور کیوں تقریباً ایک لاکھ افراد ہلاک ہو گئے تھے؟''۔

''کیوں؟''

''اس لیے کہ وہاں بھی گدھے زیادہ ہو گئے تھے......''

''خدا کے واسطے یرقان بھائی ہوش کی دوا کرو...... گدھوں کا اور آتش فشاں کا آپس میں کیا تعلق ہے......؟''

''وہاں بھی کولمبیا میں بھی کوئی محکمہ شماریات ہوگا جو انسانوں کی بجائے صرف

گدھوں کو گنتا ہوگا۔۔۔۔۔۔ اور لوگ یہ سمجھتے ہوں گے کہ اس ملک میں انسان کم ہیں اور گدھے زیادہ ہیں۔ حالانکہ ایسا ہوتا نہیں ہے۔۔۔۔۔۔ ہم انسانوں کا دھیان رکھیں تو شاید آتش فشاں ہمیشہ کے لیے ٹھنڈے ہو جائیں ۔۔۔۔۔۔"۔

"خدا حافظ یرقان بھائی"

"خدا حافظ"

مستنصر حسین تارڑ

''میرا قیمہ بنا دیجیے''

میں ٹولنٹن مارکیٹ کی چھوٹے گوشت کی ایک دکان پر کھڑا اپنی باری کا انتظار کر رہا تھا اور کچھ اس قسم کے ''جذباتی'' سوال جواب سن رہا تھا۔

''نسیم بھائی! پہلے میرا قیمہ بنا دیجیے'' ایک خاتون کہہ رہی تھیں۔

''بہن جی آپ فکر ہی نہ کریں میں آپ کا ایسا قیمہ بناؤں گا کہ آپ یاد کریں گی......!''

''ذرا جلدی کریں نسیم بھائی!''

''بس آپ کھڑی رہیں۔ آپ کے کھڑے کھڑے میں آپ کا قیمہ بنا دوں گا''

''قیمہ روکھا بناؤں یا موٹا......''

''روکھا ٹھیک رہے گا لیکن میں ذرا جلدی میں ہوں''

''بہن جی یہ قریشی صاحب کا قیمہ ہے یہ والا جو میں کوٹ رہا ہوں اس کے بعد انشاء اللہ آپ کا قیمہ بنے گا''۔

''نسیم صاحب...... مغز چاہیے مل جائے گا''۔ ایک صاحب دریافت کرتے ہیں۔

''کیوں نہیں جناب...... یہ ہمارے لیڈران کرام تھوڑی ہیں بکرے ہیں ان میں بہت مغز ہے ابھی دیتا ہوں''۔

''اور میرے گردوں کا کیا ہوا؟'' ایک آواز آتی ہے۔

''یہ والے!'' نسیم کا بھائی جو شکل سے ہیرو لگتا ہے چند گردے فضا میں بلند کرتے ہوئے کہتا ہے'' آپ کے گردے ہیں...... ابھی نکالے ہیں، بنا کر دیتا ہوں''۔

''اور میری ران......''

''یہ رہی آپ کی ران بالکل نرم اور تازہ تازہ''

''اور میری سری......''

''ابھی توڑتا ہوں......''

''ایک صاحب جو آرڈر دے کر جا چکے تھے واپس آکر پوچھتے ہیں'' یار ابھی تک میرا گوشت نہیں بنایا......''۔

''اوہو آپ یہ بتائیں کہ آپ کی بوٹیاں کیسے کاٹوں!...... چھوٹی یا بڑی۔ میں پانچ منٹ میں آپ کا گوشت بناتا ہوں جناب...... ہم آپ کا گوشت نہیں کاٹیں گے تو اور کس کا کاٹیں گے......''۔

بالآخر میری باری آتی ہے اور میں ایک مختصر سا آرڈر رہوں۔

''تارڑ صاحب'' نسیم مسکراتے ہوئے کہتا ہے'' اتنا گوشت تو پورے محلے کے لیے کافی ہوگا کیا کریں گے اتنے گوشت کو دیگ پکائیں گے؟''

''بھائی آپ براو کرم جگتیں نہ کریں اور گوشت بنا دیں...... اور یہ والی بوٹی تو اچھی نہیں ہے! یہ نہ ڈالنا''۔

''یہ والی؟''...... وہ بوٹی کو اٹھا کر اس کی نمائش کرتا ہے'' یہ والی تو بڑی جذباتی بوٹی ہے تارڑ صاحب......''۔

نسیم اپنے گوشت کے بارے میں'' جذباتی'' کا لفظ بے دریغ استعمال کرتا ہے... مثلاً جناب یہ گردہ ملاحظہ کیجئے بالکل جذباتی ہے...... یہ چانپ جو آپ دیکھ

رہے ہیں۔ جذباتی ہو رہی ہے آہستہ آہستہ یہ ران تو خیر ہے ہی جذباتی...... ویسے میرے پاس غیر جذباتی گوشت بھی ہے لیکن آپ کو مزہ نہیں آئے گا...... وہ سامنے والا بکرا جو لٹک رہا ہے وہ شہنشاہِ جذبات ہے اور بکری جو ہے یہ ملکۂ جذبات ہے اس کی ٹانگ پیش کروں؟''

گوشت کے بارے میں کالم لکھنا غیر ادبی سا فعل ہے لیکن کیا کیا جائے یہ مہنگا ہوتا جا رہا ہے اور اس کے ساتھ ہی لوگوں کی ''مسلمانی'' کم ہوتی جا رہی ہے گوشت اور مسلمان لازم و ملزوم ہیں...... ہمارے گاؤں میں تو یہ بھی کہا جاتا ہے کہ زیادہ گوشت کھانے سے ایمان مضبوط ہو جاتا ہے لوہے کی طرح...... ظاہر ہے کہ اگر گوشت مہنگا ہو گا تو کم کھایا جائے گا اور اسی تناسب سے ''مسلمانی'' کم ہوتی جائے گی میں بھی اسی لیے فکر مند ہوں...... گوشت کی قیمتوں میں یکدم اضافہ ہو گیا ہے اور کہیں سے احتجاج کا ایک لفظ سنائی نہیں دیا...... سگریٹ مہنگے ہو جائیں تو چھوڑ دو چائے مہنگی ہو جائے تو کم پیو۔ آٹا مہنگا ہو جائے تو کیک کھا لو لیکن گوشت تو کم نہیں کھایا جا سکتا...... مجھے چونکہ گوشت کی قیمتوں میں اضافے کی خبر نہ تھی اس لیے میں نے جیب میں پڑی رقم کے مطابق آرڈر دیا اور پھر بعد میں بل زیادہ بننے پر خوب خوب شرمندہ ہوا...... تو پھر آج گوشت کا بیاں چلتا رہے چھوٹے گوشت کی مارکیٹ سے باہر آ جایئے۔ پنجاب پبلک لائبریری کے سامنے بڑے گوشت کی مارکیٹ ہے...... یہاں بھی علم اور گوشت کا چولی دامن کا ساتھ ہے۔ اس مارکیٹ کے اندر بھی دکاندار تقریباً ایک ہی علاقے اور ایک ہی خاندان سے متعلق ہیں...... ایک مرتبہ میرے والد صاحب جو انتہائی حساس طبیعت کے مالک ہیں۔ گوشت خریدنے آئے تو قصاب نے ایک بوٹی اٹھا کر کہا ''چودھری صاحب بالکل بچے کی بوٹی ہے بھون کر کھایئے گا مزہ آ جائے گا''...... وہ دن اور آج کا دن والد صاحب کبھی بڑا گوشت خریدنے نہیں گئے...... یہاں پر گوشت کے عجیب و غریب شوقین نظر

آتے ہیں...... ایسے شوقین جو پلاؤ کے لیے الگ گوشت منتخب کر لیتے ہیں اور کریلے پکانے کے لیے الگ ان میں وہ حضرات بھی شامل ہوتے ہیں جو صرف سری پایوں کی تلاش میں یہاں آتے ہیں......

گوشت کھانا مسلمانوں کی اور خاص طور پر پاکستانی مسلمانوں کی فطرت ثانیہ ہے وہ خوشی کا اظہار کرنا چاہے تو بھنا ہوا گوشت کھائیں گے یا شکرانے کے طور پر ایک دو بکرے حلال کر دیں گے۔

اگر فوتیدگی ہو جائے تو بھی مہمانوں کی تواضع آلو گوشت سے کی جائے گی۔

میرے ماموں اللہ بخشے کہا کرتے تھے کہ بالکل گلا ہوا نرم گوشت کس کام کا گوشت وہ جو نوچ نوچ کر کھایا جائے......

ایک چھوٹا سا قصہ ہے...... جس میں گوشت کے بارے میں ہی کچھ بیاں ہے۔ میں اس وقت تقریباً ۱۶۔۱۵ برس کا تھا اور پہلی مرتبہ ولایت جا رہا تھا۔ جہاز میں میرے برابر کی نشست پر ایک مولانا براجمان تھے وہ خاصے معصوم تھے۔ میں نے دریافت کیا کہ کیوں چچا جان آپ کس سلسلے میں انگلستان جا رہے ہیں تو کہنے لگے! بیٹا میں کافروں کو مسلمان کرنے جا رہا ہوں میں نے پوچھا آپ کو انگریزی آتی ہے؟ کہنے لگے نہیں جس نے مسلمان ہونا ہوگا اسے خود بخود میری زبان کی سمجھ آ جائے گی ... ان دنوں ابھی جیٹ مسافر بردار طیارے اُڑان نہیں کرتے تھے چنانچہ پنکھوں والا جہاز بڑے مزے سے ہواؤں اور بادلوں سے اٹکھیلیاں کرتا منزل کی جانب جاتا تھا۔ ہم کراچی سے چلے اور پھر طہران، قاہرہ، ایتھنز وغیرہ میں رکتے روم پہنچے۔ روم میں ۱۲ دو گھنٹے کا سٹاپ تھا اور ایئر لائن کی جانب سے اعلان کیا گیا کہ مسافر حضرات ایئر پورٹ کے ریستوران میں جا کر اپنی پسند کا کھانا تناول فرمائیں۔ بل کمپنی کے ذمہ ہوگا۔ اس اعلان پر مسافر حضرات بے حد خوش ہوئے۔ میں بھی خوش ہوا اور مولانا تو بے حد خوش

ہوئے کیونکہ ہمیں شدید بھوک لگی تھی۔

ریستوران میں بیٹھے تو ایک خوبرو اطالوی خاتون ہاتھ میں مینو پکڑے ہمارے قریب آ گئی ..... مولانا کھانسے اور ناپسندیدگی کا اظہار کیا میں چونکہ ابھی بچہ تھا اس لیے مجھے کھانسی بالکل نہ آئی۔ میں نے اپنے لیے ایک عدد روسٹ چکن ''مولانا آپ کیا کھائیں گے؟'' میں نے اپنے مسافر چچا جان سے ''پوچھا'' ''اس گوری گوری لڑکی سے کہو کہ میرے لیے صرف اُبلی ہوئی سبزیاں لے آئے کیونکہ گوشت تو یہاں پر حلال نہیں ہوگا'' انہوں نے منہ بنا کر کہا۔

اب میں تو اس معاملے کے بارے میں غور نہیں کیا تھا کہ یہاں گوشت کس قسم کا ہوتا ہے اور مجھے بھوک بھی بہت لگی ہوئی تھی بہرحال میں نے ان کا آرڈر بھی دے دیا آدھے گھنٹے کے بعد ویٹرس خوراک لے آئی......ایک ٹرالی میں میرا روسٹ مرغ ابھی تک روسٹ ہو رہا تھا اس کی خوشبو پورے ریستوران میں پھیلی تھی۔ مرغ کے گرد انڈے اور آلو کے قتلے اور سلاد وغیرہ بہار دکھا رہے تھے۔ یہ سب کچھ میرے آگے رکھ دیا گیا..... پھر ویٹرس واپس گئی اور ایک چھوٹی سی پلیٹ لا کر مولانا کے آگے رکھ دی۔ اس میں ایک ابلی ہوئی گاجر اور ایک دو آلو تھے سنری چچا جان نے گاجریں کھانے کی کوشش کی لیکن ان کی نظریں میرے روسٹ مرغ پر سے اٹھائے نہ اٹھتی تھیں۔ میں مزے سے کھاتا جا رہا تھا اور وہ مجھے دیکھتے جا رہے تھے بالآخر انہوں نے گرج کر کہا ''برخوردار''

''جی جناب!'' میں نے گھبرا کر جواب دیا۔

''یہ ہوٹل والی زنانی کو کہو کہ میرے لیے بھی یہی مرغ لے آئے یہ شکل سے حلال لگتا ہے''۔

کہنے کا مطلب یہ ہے کہ گوشت کھانے کے شوق میں ہم بعض اوقات اپنی مسلمانی

کو بھی خطرے میں ڈال لیتے ہیں۔

لاہور کے ایک بہت ہی معروف ڈاکٹر صاحب اکثر بازار جا کر ایک بکرا خرید لاتے گھر جا کر اسے خود ذبح کرتے گوشت بناتے خود ہی بھونتے اور پھر اپنے بیٹوں کے ہمراہ ایک ہی نشست میں اسے نوش کر جاتے...... موصوف فرمایا کرتے تھے کہ گوشت ہونا چاہیے۔ چاہے گدھے کا ہی کیوں نہ ہو......

میں نے مکان بنایا تو ایک مزدور تقریباً روزانہ شام کو مزدوری کی رقم وصول کرتا اس کا گوشت خریدتا اور بھون کر کھا جاتا۔

میں خود اگرچہ کھانے پینے کا بہت زیادہ شوقین نہیں ہوں لیکن گوشت کھائے ہوئے اگر دو چار دن گزر جائیں تو جمائیاں آنے لگتی ہیں۔ دنیا بے رنگ نظر آنے لگتی ہے اور اپنے مسلمان ہونے پر شبہ ہونے لگتا ہے...... لیکن اب تو قیمت زیادہ ہونے سے ایسا لگ رہا ہے کہ قیمہ بکرے کا نہیں ہمارا اپنا بن رہا ہے...... ہمارے گردے نکالے جا رہے ہیں اور مغز کھایا جا رہا ہے...... اور وہ دن دور نہیں جب ہم گوشت کی دکان پر جا کر قصائی کے آگے لیٹ کر کہیں گے ''براہ کرم میرا قیمہ بنا دیجیے''۔

منتخب یادگار مزاحیہ مضامین کا ایک اور مجموعہ

شوخئ تحریر (حصہ اول)

مرتبہ: تنویر حسین

بین الاقوامی ایڈیشن منظر عام پر آچکا ہے